高雄研究叢刊
第4種

# 帝國最南——

## 高雄高等女學校

作者
許聖廸

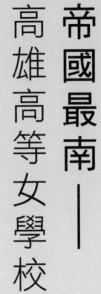

# 高雄研究叢刊序

　　高雄地區的歷史發展，從文字史料來說，可以追溯到 16 世紀中葉。如果再將不是以文字史料來重建的原住民歷史也納入視野，那麼高雄的歷史就更加淵遠流長了。即使就都市化的發展來說，高雄之發展也在臺灣近代化啟動的 20 世紀初年，就已經開始。也就是說，高雄的歷史進程，既有長遠的歲月，也見證了臺灣近代經濟發展的主流脈絡；既有臺灣歷史整體的結構性意義，也有地區的獨特性意義。

　　高雄市政府對於高雄地區的歷史記憶建構，已經陸續推出了『高雄史料集成』、『高雄文史采風』兩個系列叢書。前者是在進行歷史建構工程的基礎建設，由政府出面整理、編輯、出版基本史料，提供國民重建歷史事實，甚至進行歷史詮釋的材料。後者則是在於徵集、記錄草根的歷史經驗與記憶，培育、集結地方文史人才，進行地方歷史、民俗、人文的書寫。

　　如今，『高雄研究叢刊』則將系列性地出版學術界關於高雄地區的人文歷史與社會科學研究成果。既如上述，高雄是南臺灣的重鎮，她既有長遠的歷史，也是臺灣近代化的重要據點，因此提供了不少學術性的研究議題，學術界也已經累積有相當的研究成果。但是這些學術界的研究成果，卻經常只在極小的範圍內流通而不能為廣大的國民全體，尤其是高雄市民所共享。

　　『高雄研究叢刊』就是在挑選學術界的優秀高雄研究成果，將之出版公諸於世，讓高雄經驗不只是學院內部的研究議題，也可以是大家共享的知識養分。

　　歷史，將使高雄不只是一個空間單位，也成為擁有獨自之個性與

意義的主體。這種主體性的建立，首先需要進行一番基礎建設，也需要投入一些人為的努力。這些努力，需要公部門的投資挹注，也需要在地民間力量的參與，當然也期待海內外的知識菁英之加持。

　　『高雄研究叢刊』，就是海內外知識菁英的園地。期待這個園地，在很快的將來就可以百花齊放、美麗繽紛。

國史館館長

# 推薦序──校園文史教育的親身實踐

在臺灣，校園歷史與校園文化資產的保存一直不太被重視。很多時候，臺灣的教育還是留在說一套做一套，很難真正扎根的狀況。例如，在現今的中小學教育中，在地鄉土教育早已納入，但有的老師竟要小學生用像是背誦國語課本般的方式，去記臺灣有什麼老街，建築有什麼特色，各地有什麼人文風情。於是，好的教學規劃卻搞到讓學生反感，討厭鄉土教育和文化資產教育，就如上一代人那種「地理是歷史，歷史是神話」時代，整天背「不平等條約」和「秋海棠有什麼物產」一樣的荒謬。

雖然學校可能有校史館或校史室，但卻也有很多老師和校長是完全缺乏文史觀念與文資概念的。在他們的心中，學校的歷史不重要，各種過往光榮的印記也不能當飯吃，最普遍的說法就是要先照顧好眼前的師生，而那些屬於歷史的文化資產，只是些阻礙進步的絆腳石，會壞了學校未來的發展。

但學校歷史的重視與校園文資的保存，真的就是阻礙進步的元凶？一個有著悠久歷史傳統的學校，更應該好好重視自身的文化，找出學校的價值，才有走向未來的方向才對啊！失根的教育，往往就是毀在那些不重視文史價值與文化資產，甚至帶頭破壞的學校當局。當一個校長，一個學校的主管，隨便丟棄所有保存下的校園歷史資料，或在完全沒有先做任何文資調查和評估的情況下，就要拆毀所有舊的校園建物去做新的大建設時，你看到的就只是一個非常暴力的教育者。常常，我們不禁很好奇，是怎樣的環境教出這樣的學校行政當局？

很多時候我都會感到非常羞愧，因為這些人不少都是我們師範體系所教出來的，很多人更是龍頭師大所培養出來。如果，要改變這樣的情況，最根本就是要從下一代老師的文資觀念和文史教育下手。

在我任教的地理系中，我開的課程裏常會以校園歷史與文化資產做為在地文史與文資教育的切入點。如果學生對自己學校的歷史不瞭解，對於自身學校的文化資產是冷漠的，我們也就很難培育出在第一線教學現場對校園歷史和校園文化資產有熱忱的老師。

在我這幾年的教學過程中，許聖迪老師是相當優秀且在畢業後能將這樣守護校園文化歷史理念落實的一位。在他服務於高雄女中時，先以老照片及航照圖資做了內容豐富的校園導覽圖後，更進一步「偷偷地」整理了學校的歷史和發展過程，並寫成了這樣一本精彩的書「來嚇我」。

在臺灣很多老學校不只拆老校舍當建設，甚至亂丟亂賣圖書館老書或老史料的情況下，高雄女中能有許老師這樣認真地整理並出版學校歷史的專書，不止是他一生中曾在雄女服務的最好紀念，也給了校園文史及校園文化資產保存上一個很好的示範。希望這樣的用心，能感動更多第一線的教育工作者、學生或校友（也許還有恐龍家長及家長會長），開始重視自身學校的校園文史及文資，這樣我們的文史教育才能真正落實到社會的各個角落。

國立臺灣師範大學地理學系教授

洪致文

# 推薦序——為學校找到精采

聖廸老師曾任教高雄女中，因結婚必須北上，轉而考取武陵高中。優秀教師離職雖有不捨，但體恤他為愛與家庭責任，當然予以成全與祝福。

任教高雄女中期間，聖廸老師費心蒐集各方資料，完成《帝國最南——高雄高等女學校》一書。這本二百多頁、圖文並茂的著作，業經專家學者審查，即將出版。本人拜讀後，替聖廸老師感到無比欣喜，更感謝他為高雄女中留下如此精采大作。

本書是一本綜述日治時期高雄女中發展的專論，聖廸老師以時間為縱軸，記述從 1924 年創校迄於 1947 年戰後學校重組間的史事。內容包含臺灣早期女子教育、創校過程、校舍景觀與校園環境、教職員工與教學場景、校園日常生活點滴、戰時體制下的學校作息概況等。每一段落都繪製有相關年表，能輔助讀者掌握全貌。聖廸老師以空間為橫軸，發揮其地理專長訓練，全書作者大量使用地圖、路線圖、區位圖、流程圖來建構空間圖像，搭配大量的原始照片拼貼出立體的歷史地理圖像。整本書沒有純文字的枯燥，也沒有空泛理論的虛玄，它呈現給讀者的是一幅幅躍然紙上、生動靈活的過去模樣，編織成豐富多彩的校園風景，不論人文或自然，都很真實。

一位好的歷史書寫者就像一位優秀的廚子，除了手藝精巧、有一顆熱情的心之外，更須有真實的、優質的材料供他料理，才能成就一本好的歷史著作或一頓美的饗宴。本書聖廸老師使用許多第一手日文資料，如臺灣總督府檔案、《臺南新報》、《臺灣日日新報》、《高雄高等女學校卒業紀念》（含寫真）、時人著作等，加上慎選後人相關專著

以及採訪老校友口碑，經其巧妙地融合第一手資料與後人研究成果搭建出堅實溫暖的書寫背景，同時又能細膩地描述女子學校特有的禮法教養、賢淑教育、休閒娛樂等，圖文並茂，令人賞心悅目。

聖廸老師說，另一個心靈機緣，是他發現1907年畢業於日本東京高等師範學校地理歷史科、1924年至1936年擔任高雄高女（高雄女中前身）校長的本田喜八先生，是一位傑出的地理學家，曾經帶領高女教師以現代學術的方法編纂完成高屏地區第一本完整的地方志──《高雄州地誌》，嘉惠後學貢獻甚大。聖廸老師曾說，如果可以穿越時空，他便可以和本田喜八校長見個面，談談中學教育、敘敘地理教學和為師之道，豈不有趣。

在繁重的課務、班務負擔下，聖廸老師憑藉著一己之力，發揮「上窮碧落黃泉」的功夫，迭經四年琢磨，終於完成日治時期高雄女中較為完整的歷史圖像，實在非常了不起。本人特此撰文為序。

高雄女中校長

黃秀霞

# 推薦序——一窺斑城究竟

歷史的主要功用之一，就在於了解自己的過去，進而為現在的自己清楚定位，而聖廸老師的《帝國最南——高雄高等女學校》一書就提供我們這樣的思維主題，這本書不僅為雄女找到前世，同時也為日治時期的臺灣教育史補闕。

聖廸老師是一位充滿生命熱情、具有高度人文素養的熱血教師。他熱愛本土文化，也具有國際視野。與他在雄女共事五年，除了感受到他的教學熱誠，更發現他對雄女的熱愛，不僅常常提出各項具前瞻性的教學計畫，還長期利用課餘時間，努力撰寫完成本書，為雄女保留了過往珍貴的歷史。從本書完整的結構與豐富的圖文，可以知道他費盡心力蒐羅各種資料；甚至為了翻閱日治時期的報紙，他還去學日文；除了高雄歷史博物館外，雄女校史室塵封已久、幾近腐爛的舊紙堆也是他流連忘返之處。

其實在聖廸老師之前，也有一些歷史老師想為雄女留下一部完整的校史，例如鄒玫老師、君涵老師，都曾付出心力編輯校史，但有關日治時期的校史部分，因年代久遠加上語文因素，總是殘缺不全，因此當我得知本書完成之時，內心很是感動。

本書結合歷史與地理概念，以時間為主軸，配合空間因素的輔助，使讀者能在時序的敘述中，清楚了解雄女創校的時空背景、沿革脈絡，以及當時地貌的改變；也讓我們明白，今日雄女許多傳統精神與教育特色，其實就是傳承自高雄高等女學校。例如書中提及「忠勤賢淑」的校訓，以及重視體育與藝能活動的傳統，就是源自日治時期殖民政府，為了配合軍國主義，所發展出來的「賢妻良母」教育。今

日雄女雖然歷經時空變遷，但為了與時俱進，也逐漸將傳統精神加以轉化，除了保留「忠勤賢淑」，更結合「活力、創造、卓越」精神，期能使雄女人更進步。

讀完聖廸老師的創作，再看到校園的一草一木，了解了雄女的前世今生，讓我感受到臺灣教育的生命力，是生生不息、源源不絕的。因而在此期望聖廸老師能繼續發揮他的生命熱情，持續人文創作，期能引起同好，一起為教育貢獻！

高雄女中歷史老師

洪美華

# 自　序

　　高雄女中原名為高雄高等女學校（簡稱高雄高女）。有一次我打開 Google 地圖，碰巧發現高雄女中（22° 37'N），比屏東女中（22° 40'N）還要南邊，不僅如此，高雄女中比基隆女中、花蓮女中來的還要靠近海邊，這三所女子高中都是日本時代就設立了，所以我想在二次大戰之前，高雄高女無疑是大日本帝國領土的最南端、臺灣島上最靠海的高等女學校。

　　臺灣，是日本帝國南方盡頭的島嶼，高雄高女是帝國最南的高等女學校，這所學校裡面到底藏著一些不為人知的日式秘密。每年的十一月是校慶運動會，第一天活動結束前，康輔社會上臺帶大家圍著大圈圈歌唱跳舞，全校最瘋狂的時候莫過於此，此時學姐會牽著學妹的手一起唱歌玩樂，曾在日本時代，運動會的下半午學姐們就會這樣圍圈圈跳舞旋轉；每年寒假過後，高二的學生就會跟雄中一起去澄清湖露營野炊，這活動對全臺各地高中來說是絕無僅有的校際交流活動，曾在日本時代，高雄高女就曾和高雄中學校一起升火煮飯。曾在日本時代，高雄高女兩位學生簡娥、張玉蘭兩人，就參加當時的農民運動而被學校退學，這樣的情事發生在那民風純樸的高雄，恐怕比你我想像的還要瘋狂。雄女這所在愛河邊的近百年老校，藏著很多待人細細發掘、深深體會的日式表情。

　　臺灣是日本的第一個海外殖民地，統治期間引進了新式教育，開啟了臺灣教育史的新頁。高雄這座城市，從清朝末年開港通商大放異彩，日本時代欲往南洋發展，大力興築高雄港，高雄於是有了飛躍性的成長，港區的繁華和商貿熱絡往來，高雄高女開始在港都溫柔地萌芽。在這裡，陽光一年四季都在，校舍專為熱帶南國的設計，看的

到教育是一場百年永續經營的眼光；校園裡賢妻良母的課程教育，為女孩們帶來生活上為夫為家的希望；學藝會、音樂會、大遠足、遠渡旗津，這些動靜皆宜的學生活動，為高雄這座港都增添不少年輕的笑聲。有人說臺灣這塊土地上最美麗的風景是人，無論簡娥、張玉蘭，或者是黃瑞雀、熊谷保銳等高雄高女的學生，這些小女子就好似於高雄的女兒紅，豐富了高雄的醇香與縱深，這些小人物在那樣的大時代寫下篇篇精彩代表。

本書的歷史爬梳與章節安排，一開始從各類教育史、女子中等教育、女子高級中學的專書論文中，整理出臺灣女子中等教育的源流；從報章雜誌和官方公告，如《臺灣日日新報》、《臺南新報》、《高雄州報》等釐清高雄高女的學校經營、學生事務、課程實施、入學測驗等資料；在空間場域上，從臺灣堡圖、市街改正、築港計畫、美軍航照等觀看當不同尺度間的空間樣貌，瞭解校地選擇、校園景觀的變遷，並輔以歷史地理的疊圖套用，看出古今差異與對比；在網路資源中，如臺灣總督府職員錄、臺灣總督府公文類纂裡，整理歷任校長、學校教職員等人事更迭。從老照片中，如歷屆卒業寫真、臺灣老照片、高雄老明信片裡看到學藝會、音樂會、文藝活動、運動競賽等青春少女的花漾年華；最後以大戰爆發，峰火連綿的戰時體制，結束高雄高女的日式風華。內文中有許多日文的漢字，為忠於原文，本書以原文獻書寫的字詞為主，在旁會加註中文或通用意思。

從一枚小小的女孩，要蛻變成賢妻良母的過程是多麼珍貴與重要，「高雄高等女學校」與「高雄中學校」同為日本時代高雄地區的兩大中等教育機構，對於女孩們的身影記錄，至今仍非常缺乏特別的書寫與保存。本書從稚嫩女孩到賢妻良母、從臺灣到高雄，從哈瑪星到苓雅寮、從打狗川到高雄港、從制度到建築、從校長到職工、從室內

課程到戶外活動、從手藝細活到勞動粗作、從靜態展覽到動態演出、從理論知性到溫暖感性、從平野到高山、從群體到個人、從競賽到榮耀、從溫柔到堅毅、從入學到畢業、從大時代到小人物、從大正到昭和、從承平時代到戰時體制，字字句句都是兩極的相襯，各個段落都是高雄高女說不完的精彩故事，希望此書能為帝國之南的高雄，保留一抹屬於那個時代的港都女兒紅。

許聖迪

# 目　次

# 圖　次

# 表　次

# 1. 殖民地新嘗試——臺灣女子中等教育的開端

現代女子可以接受教育，這樣的「理所當然」並非來的如此簡單。臺灣女子受教育的起源，可以回溯至 19 世紀，當時清朝時期女子教育管道主要分為以家庭或書房為主的「傳統教育」和以基督長老教會女學校的「新式教育」兩者。家庭教育通常由富紳聘請老師設置學帳，教授貞節、柔順的婦德，學習內容包含三字經、昔日賢文、列女傳等；書房是民間的私學，一方面培養學生讀書和識字的能力，另一方面預備學生日後考試所需，不過書房的學生多以男生為主，因當時民風未開，女子多深居少出，故少有女性入學。[1] 至於教會成立之女學校，課程雖有教授現代的學科知識，但該學校設立的目的最終仍是希望女學生成為傳教士，後來正式將新式女子教育帶進臺灣，就是1895 年日本開始殖民臺灣，開啟了臺灣邁向現代化國家的重要年代。

## 1-1　臺灣女子現代教育的引進與確立

現代化國家最大的特色，就是每個人不分貴踐、不分性別，均能享有受教育的權利，藉此能夠徹底改變整個社會的權力結構。1895年日本開始統治臺灣，引進了現代教育的嘗試，希望透過教育作為同化與開化臺人的手段。現代教育的特色之一是全民皆學，不論是什麼階級、性別的人，都是國家要改造成國民的對象，近代的日本、中國，或鄰近的韓國也好，鼓勵女子就學並不只是基於近代個人的解放的想法，更是基於女子是國家未來主人翁的母親，如果子女沒有受到適當的教育，對未來國民的教育將有不好的影響，因此，「賢妻良母」可說是 19 世紀東亞各國女子教育的共同目標。[2]

---

1　游鑑明，〈日據時期臺灣的女子教育〉（臺北：國立臺灣師範大學歷史研究所碩士論文，1987），頁 30。

2　許佩賢，《太陽旗下的魔法學校：日治臺灣新式教育的誕生》（新北：東村，2012），頁 104。

　　日本國內的女子教育興起於明治初年，1879 年明治天皇發布教育令，明文揭載日本的高等女學校教育原則為「男女別學」，其最主要的精神在於教育內容有所差別。當時雖然稱為「高等女學校」，但實是為「中等」教育，是一個相對初等／基礎的學校教育而言。1887 年日本文部大臣森有禮上任後確立：「教育是國家富強之根本，而教育之根本在於女子教育，故女子教育之興廢關係著國家安危。」女子教育非但是根本，還是確保國家富強與安全的關鍵。女子受教育雖然在終極目標上是以國家為核心，但卻是透過輔助男性使之無後雇之憂，教養下一代與之健壯，來確保國家的富強與安全。

　　1895 年日本發布了〈高等女學校章程〉和〈高等女學校令〉，正式將婦女納入教育體系，1899 年當時的文部省大臣樺山資紀曾說，除了教授一般課程外，為帝國培養出「優秀主婦」是高等女學校的最大宗旨。明治末期至昭和初期，日本國內高等女學校的德育目標就是強調「良妻賢母」主義的道德涵養[3] 與婦德修持，前者良妻賢母是指做為女性做為家庭勞務的支柱，以確保男子外出工作時無後顧之憂，後者婦德指的是對日本傳統的女性道德培養，不僅是關於德育的教學目標，也左右課程架構中學科目的訂定以及教學目標的訂立。

　　1895 年日本領臺後，展開了一連串女子教育的新措施。日本統治初期，臺日分學，臺灣人就讀的高等女學校最可以溯源於 1897 年，臺灣總督府在士林的國語學校第一附屬學校設置了「女子分教場」[4]，是臺灣女性教育機關之始，1910 年改稱國語學校附屬女學校，從名稱可以知道，此時期的女學校，主要附屬於國語學校，以培養公學校女教員為主，兼實施技藝教育為輔。[5] 1899 年總督府頒布〈高等

---

3　許峰瑞，〈1922 年至 1945 年臺灣高等女學校圖畫教育研究〉（彰化：國立彰化師範大學藝術教育研究所碩士論文，2011），頁 27。

4　此分教場為 1922 年臺北第三高等女學校的前身。

5　卓姿均，〈日治時期高等女學校與臺灣女性〉（臺北：國立臺灣師範大學臺灣史研究所碩士論文，2015），頁 15。

女學校令〉，獨立於男子就讀的中學校之外，入學資格為尋常小學校六年級畢業後提出申請，女學生畢業後學力等同中學校，可報考各種專業高等學校。1904 年設立「臺灣總督府國語學校第三附屬學校」為臺灣第一所較正式的公立女學校，1905 年更名為「臺灣總督府國語學校第三附屬高等女學校」，1907 年附屬高等女學校隨中學校從國語學校獨立，改附設於中學校之下，更名為「臺灣總督府中學校附屬高等女學校」，1909 年更名為「臺灣總督府高等女學校」，1917 年加上臺北的地名，更名為「臺灣總督府臺北高等女學校」。由於每年都有在南部設立女學校的需求聲浪，1917 年 5 月先在臺南設立分教室，同年 9 月改名為「臺灣總督府臺南高等女學校」，此為臺灣女子中等教育的源流與開張。1897 年至 1918 年這個階段的臺灣女子普通中學，不斷改制、欠缺師資，學生來源和素質也不大一致，大部分的教學活動都也在試驗階段，同時為了配合傳授技藝的教學目的，偏重家政教育。[6]

　　1918 年日本政府開始實施日本內地與殖民地之間的共通法，1919 年為統一管理殖民地臺灣的教育政策，公布了第一次〈臺灣教育令〉，區劃普通教育、實業教育、專門教育和師範教育等，全臺中等學校重組，將原先的國語學校國語部廢除，以男子與女子的「高等普通學校」取代之，與朝鮮中學體系共用「高等普通學校」之名稱。在 1919 年以前，因為臺灣的女學校的制度不斷改變，也因為日本政府採取差別教育和隔離政策，加上臺灣傳統社會性別不平等的觀念影響，女子教育是臺灣殖民教育體制中最弱的一環[7]。

---

6　陳瑛珣，〈日治臺灣女子教育的現代精神——以彰化高女為例〉，收於《第五屆性別藝術與文化學術研討會》（臺中：國立勤益科技大學文化創意事業系，2014），頁 5。

7　游鑑明，〈女子教育與女性角色多元化〉，《臺灣學通訊》，（94）（2016），頁 4。

　　1920 年地方制度改變，田健治郎總督底定「州－郡－街庄」三層架構，臺灣全島重新劃分為五州二廳，確立地方行政機關推行政策，各州中等學校開始全部交由地方州政府整頓管理，1921 年總督府中學校、高等女學校官制廢除，改以臺灣公立中學校、高等女學校規則實施，所有的中等學校改由所在地州政府管轄，名稱皆改為州立學校，除職員的薪俸由國庫支付外，所有經費都必須由州政府支出，州政府必須要把學校的財產想辦法購買下來，或以州產交換，學校校長也改由州知事任命。

　　因為給臺灣人就讀的學校數目遠少於日人的學校數目，設定的教育程度也相對低很多，為了去除差別主義的教育，以及標榜臺灣是日本延伸的領土，讓臺灣人與在臺日人接受相同的教育制度，1922 年 2 月 6 日發布第二次〈臺灣教育令〉，中等以上的女子教育分為普通教育和專業教育，此法令奠定之後「內臺一致」、「日臺共學」的學制基礎，其中「女子高等普通學校」的名稱一律改為「高等女學校」，修業年限從三年增加為四年制，不過仍較同期臺籍男生和日本國內高等女學校少一年。為了普遍提供女子接受更進階的中等教育，每一州所設立的高等女學校，除了教師的薪給是由國庫支付，其他經費都要由州政府負責。

表 1　四年制高等女學校各學科每週時數表

| 學年 | 修身 | 日語 | 外語 | 歷史 | 地理 | 數學 | 理科 | 圖畫 | 家事 | 裁縫 | 音樂 | 體操 | 總計 |
|---|---|---|---|---|---|---|---|---|---|---|---|---|---|
| 第一 | 2 | 6 | 3 | 3 | 3 | 3 | 2 | 1 | | 4 | 2 | 3 | 31 |
| 第二 | 2 | 6 | 3 | 3 | 3 | 2 | 2 | 1 | | 4 | 2 | 3 | 31 |
| 第三 | 1 | 5 | 3 | 2 | 2 | 3 | 3 | 1 | 2 | 4 | 1 | 3 | 30 |
| 第四 | 1 | 5 | 3 | 2 | 2 | 3 | 3 | | 4 | 4 | | 3 | 30 |

來源：山本禮子，《植民地の臺灣高等女學校研究》（日本：多賀，1999），頁 37。

　　1920 年代開始，全臺灣從北到南，各州各地紛紛開始設立高等
女學校，學校、教員數量增加，學生數也逐年增加，在日籍生和臺籍
生的人數上也都穩定增加。能順利畢業的高等女學生也日益增加，這
些受過中等教育的女生，畢業後帶著現代知識，進入臺灣各社會層
面，為日本時代的臺灣注入一股女性新活力。

表 2　全臺公立高等女學校成立時程表（獨立設校為主）

| -1909 | 1910-1919 | 1920-1929 | 1930- |
|---|---|---|---|
| ·1909 臺灣總督府高等女學校 | | | |
| ·1917 臺灣總督府臺南高等女學校 | | | |
| ·1919 臺中高等女學校 | | | |
| ·1919 臺北第二高等女學校 | | | |
| ·1922 臺北第三高等女學校 | | | |
| ·1922 彰化高等女學校 | | | |
| ·1922 臺南第二高等女學校 | | | |
| ·1922 嘉義高等女學校 | | | |
| ·1924 高雄高等女學校 | | | |
| ·1924 新竹高等女學校 | | | |
| ·1924 基隆高等女學校 | | | |
| ·1927 花蓮港高等女學校 | | | |
| ·1932 屏東高等女學校 | | | |
| ·1938 蘭陽高等女學校 | | | |
| ·1940 臺東高等女學校 | | | |
| ·1940 虎尾高等女學校 | | | |
| ·1941 臺中第二高等女學校 | | | |
| ·1942 臺北第四高等女學校 | | | |
| ·1943 馬公高等女學校 | | | |
| ·1943 高雄第二高等女學校 | | | |

資料來源：整理自山本禮子，《植民地の臺灣高等女學校研究》，頁 55。

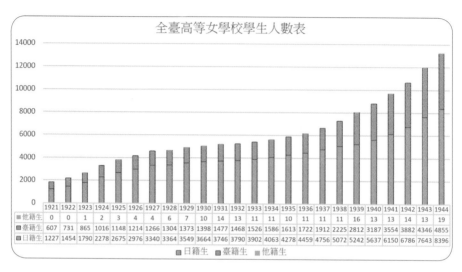

圖 1　全臺高等女學校學生人數
來源：整理自蘇靜華，《戰後初期臺灣女子中等教育之研究（1945~1949）》（臺北：國立臺灣師範大學歷史學系在職進修碩士班碩士論文，2005），頁16。

## 1-2　高雄高等女學校的創立

　　隨著 1917 年臺南、1919 年臺中、1922 年彰化和嘉義等各地高等女學校陸續設立，1924 年初高雄地區曾經有設立的討論聲浪，當時的輿論指出：

　　從大正 13 年（1924）的預算來看，以及現今政局的影響，日本國內的議會有解散的可能。所以在新年度（1925）要設立高雄高等女學校是不太可能了。因此，今年度想進入高雄高等

女學校就讀的希望不大。[8]

　　輿論的聲浪逐漸高漲，而高雄的建設也日益發達，女學生的數量越來越多，而為了方便高雄子女升學，不用再跨區就讀，也希望透過設置中等教育機構，使地方教育的機能能夠更加完善，並繁榮地方，在 1922 年高雄中學校設置後，高雄州知事——富島元治依照〈臺灣公立高等女學校規則〉第五條第一項的規定，1924 年 3 月 4 日向總督府內務局申請有關高雄高等女學校設置事宜：

　　高雄高等女學校設置一事，乃當務之急。設立手續有勞之
　　處，敬請見諒。審查上想必定花費相當時日。本日依高教第
　　九八一號，提出設置申請書。懇請裁示。敬候佳音。關於授
　　課開始日期、招生、入學考試等要項一併申請。[9]

　　沒想到公文往覆快速，不久就通過認可，總督府發令第二四六六號認可奉准成立高雄州立高雄高等女學校（以下簡稱高雄高女），3 月 30 日由高雄州廳發布招生公告，第一學年預計招募學生約一百名，分為兩組，要求應試年齡要在 12 歲以上，4 月 1 日於臺灣總督府〈府報〉號外訓令第三十九號公布〈高雄州立高雄高等女學校設置相關要項〉，開始著手進行高雄高女的建置。

---

8　〈議會解散と　高雄高女問題〉，《臺灣日日新報》日刊（1924 年 1 月 31 日），第 7 版。

9　〈高雄高等女學校設置ノ件〉，《臺灣總督府公文類纂》，國史館臺灣文獻館數位典藏，典藏號：00007249023。

表 3　高雄州立高雄高等女學校相關要項

| 一、學校名稱 | 高雄州立高雄高等女學校 |
|---|---|
| 二、位置 | 高雄郡高雄街高雄字哨船頭一百二十五番地<br>（高雄第一尋常高等小學校內） |
| 五、學科、修業年限、學科課程及教授時數相關事項 | 學科設本科，附設補習科。修業年限四年。<br>依規則第九條第一項制定學科科目、第五項制定手藝、第六項制定選修科目。學科課程如文件附件第二號所記。教授時數依規則第二十八條第一項制定，如文件附件第二號。依第二十八條第四項：數學於第一學年和第二學年各增加一個小時變為三小時。家事在第三學年由一小時變更為三小時。依第二十八條第五項：手藝於第一學年和第二學年各一小時，第三學年和第四學年各二小時。依第二十九條：音樂於第四學年改為一小時。以上各學科科目的每週教授時數如文件附件第二號所記。 |
| 六、學費、入學考試費用、住宿費用 | 學費每學年 20 圓。<br>入學考試費用 1 圓。<br>住宿費用每月 30 錢。 |
| 七、上課開始日期 | 大正 13 年 4 月 25 日。 |
| 八、校地、校舍、宿舍及職員宿舍相關事項 | 校地、校舍借用當今高雄第一尋常高等小學校一部分的校地和校舍，借用的地方如附件的圖面紙。<br>前述校地內將新建暫時性的茶水間和職工室，其設計圖、設計書及仕樣書如附件。<br>宿舍向民家借用，借用的地方如附件的圖面紙。<br>職員住宿費用包含在薪水中，自行處理。可住學校教職員宿舍或在外租房子。 |
| 九、農業實習地及其位置等相關事項 | 農業生產事業相關事項。 |

來源：〈高雄高等女學校學則ノ件〉，《臺灣總督府公文類纂》，國史館臺灣文獻館數位典藏，典藏號：00007249015。

　　高等女學校的經費來源，除了國庫支付教職員的薪水外，州政府為主要，其他還有學費、入學考試費、住宿費用也是收入來源之一。支出方面，教職員的薪資、雜費、校費、教職員差旅費、和修繕費用等都是。

表4　1924年高雄高女預算概表（單位：圓）

| 收入部分 | | 支出部分 | |
|---|---|---|---|
| 學費 | 2,400 | 雜費、薪水 | 8,860 |
| 入學金 | 150 | 校費 | 6,131 |
| 住宿費用 | 99 | 差旅費 | 3,073 |
| 州每年稅收 | 16,415 | 修繕費 | 1,000 |
| 合計 | 19,064 | 合計 | 19,064 |

來源：〈高雄高等女學校學則ノ件〉，《臺灣總督府公文類纂》，國史館臺灣文獻館數位典藏，典藏號：00007249015。

　　第一年新設立，據報導當時有意報考高雄高女者，有些是各地高女沒考上的人，也有已獲得臺南高女的入學許可者也來再報考，希望自己可以就讀高雄高女。[10]　4月7、8日在高雄第一尋常高等小學校舉辦入學考試，總共有223名志願入學者，日本內地人132名（以下簡稱內地人）、臺灣本島人91名（以下簡稱本島人），考試日程表和第一屆入學考題如下：

---

10　〈中等學校認可〉，《臺灣日日新報》日刊（1924年4月5日），第5版。

表 5　考試時程表

| 時間 | 自上午 9 時至 11 時 | 自上午 11 時 10 分<br>至正午 | 自下午 1 時至<br>同 2 時 30 分 |
|---|---|---|---|
| 4 月 7 日 | 算術 | 國語（綴方）[11] | 國語（講讀） |
| **時間** | **自上午 9 時** | | |
| 4 月 8 日 | 口頭試問並身體檢查 | | |

來源：〈生徒募集〉，《高雄州報》（1924 年 3 月 30 日）。

## 1924 年第一屆高雄高女入學試題

| 科目 | 考題內容 |
|---|---|
| 算術<br>（中譯） | (1)　求 $1\dfrac{1}{3}+2\dfrac{6}{11}+\dfrac{4}{7}+1-\dfrac{9}{21}\times\dfrac{1}{3}$<br>(2)　請問 2/5、0.3、3/7 哪個最大？<br>(3)　二數的和是 57，小數的 3 倍加大數的 2 倍等於 139。求大數？<br>(4)　有天正中午時鐘顯示 11 時 56 分 30 秒，隔天正中午時鐘顯示 0 時 3 分。則此時鐘平均一小時快多少？<br>(5)　2、3、4、5、6 哪兩個數除百分比後會有餘數？<br>(6)　四尺平方的板子和長 5 尺寬 3.5 尺的板子哪個面積比較大？ |
| 綴方 | 題目：「我的母親」 |
| 國語<br>解讀<br>（中譯） | 一、人世中，不知道什麼時候會發生意想不到的災難，或令人驚慌失措的事。若於平常就對此道理有所瞭解，面臨時就不會心慌意亂，也不會做出丟臉的事。要培養自己內在堅定的操守，臨危不亂的心志，這是成為有修養之人的第一步。<br>　　讀完右邊的文章後，請回答下面問題。<br>　　1.「之に處するの道」的「之」指的是什麼？<br>　　2.「時に臨みて」的「時」指的是什麼？<br>　　3.「其の常」指的是什麼行為？ |

11　綴方是語詞的連結方法，也就是指作文之意。

（續上頁）

| | |
|---|---|
| 國語<br>解讀<br>（中譯） | 三、寫出下面文章的大意。<br>「時間就是金錢」，如這句話所說，時間是無形的財產。而少年人比老年人擁有更多這些無形的財產，故形容少年人為「富擁春秋」。但仔細想想，金錢會增加，而自己的時間卻愈來愈少。失去的金錢即使可以再回來，但時間卻一去不復返。如此一來相較之下，可說是「時間重於金錢」。<br>三、寫出句子中的漢字讀法和句子的意思。<br>1. 量入為出<br>2. 表揚功勞<br>3. 漆器之精巧，令人嘆為觀止<br>4. 專心一意地工作<br>5. 不斷地磨<br>6. 大家合作參與公共事業<br>7. 依收入多寡來課<br>四、造句：用單詞寫出句子（略）。<br>五、請從所句子中的片假名的部分改寫為漢字（略）。 |

來源：整理自歷年《全島中等學校入學試驗問題集》。

考完入學測驗，4月10日下午3點在高雄州廳前公告成績，4月12日公告榜單，合格人數有岩藤里子等共計108名，不過後來確定有報到並註冊入學只有99名，其中內地人80名、本島人19名，[12]總錄取為44.39%，其中內地人錄取率為60.61%、本島人錄取率為20.88%。

新設立的高雄高女一時還找不到適合的校地，同年正好高雄第二尋常高等小學校（今鹽埕國小）校舍增建即將完工，可舒緩小學生人數增多的壓力，高雄第一尋常高等小學校（今鼓山國小，以下簡稱第一小學校）就空出六間空教室，這些多餘的教室空間正好可以當成高

---

12 《臺灣總督府學事年報》第23年報。

雄高女臨時的應急教室。[13]

## 1924 年高雄高女入學許可者

杉森樋榮宮許佐蔡邊遠後藤古松藥草奧大　野長詫高吉横柏郭川林劉近潘畠池磯岩　　生
田田口口崎氏藤氏井藤藤井庄岡師野槻田　町尾麿嶺池平尾氏島氏氏崎氏中田　麼　　　◯
　　　　　　　　　　　　　　　　　田　　　　　　　　　　　　　　　　　　高　　入
貞綾セタ紗罄　ヤ武み　千悅き　田滿八一ヒき　好ヨ駒束リ龍辛ヤ玉カ　カ里　雄　學
　　　　　　　　　　　　　ッ　　　重　　　　　シ　　　サ　　　　　　　高
紀子チィカ崔子麗子子る房子子律子子ェよ方子子子昭ウ珠妹ヨ美ヌ秀子子　等　事
　　　　　　　　　　　　　　　　　　　　　　　　　　　　　　　　　　　女
隅施元重宮邱佐蔡邊楯相小黄福松八桑大　大宇竹高吉楊匄郭狩王林陳本原石伊伊　校入
田氏山本氏川井松澤牧氏永井本田野石　坪都田坂井氏氏野氏氏氏田田東村東　　許學
　　　　　　　　　　　　　　　　　　　　　　　　　　　　　　　　　　　　可
喜秀ツ不喜秋富碧ナナ　滋　豐節繁き藤照ハヒシ逸ア潜春束朱　鄞ア鶴千ヌ　者事
美玉ル喜蘭子嵩子エト　　豐子頼子子よ子子ヤサル子ゲ閣桃戀子綿未群子惠子　　（
子玉ル枝子蘭子運子エト　豐子頼子子よ子子ヤサル子　閣桃戀子綿未群子惠子　イ
　　　　　　　　　　　　　　　　　　　　　　　　　　　　　　　　　　　ロ
鈴須森廣三岸坂佐蔡青相近黄藤源山矢久太　大梅檀田谷吉完鎌郭川林陳千濱馬池乾　ハ
木藤田島本梨氏氏本宮藤氏氏井河田野能田　山本上中山田田氏口氏氏葉田場田　順
　　　　　　　　　　　　　　　　　　　　　　　　　　　　　　　　　　　　）
光束チ濤サ消ハ玉花文紫覺　オキ靜都貞八由貞鳥初ケマ宛き閣秀嘉須豐二生
美束サ慈ノ仙子子子ッ仙子子子鶴豐ト子子子霍子子里ィ子然ら妹炎子子惠子

來源：〈入學許可〉，《高雄州報》（1924 年 4 月 12 日）。

　　第一小學校主要大門面西南，考量到小學教育和中等教育的課程設計不同，協調後在校園東北一隅圈畫出一塊特別的區域提供給高雄高女使用。北棟教室為西北－東南向，主要是東南半側給高雄高女作行政與教學的運用。一樓主要是行政空間，包括校長室、事務間和其他，室外有湯沸室和小使室，最旁側有屋內體操場兼講堂，供雨天活動或大型重要集會使用，室外有運動場和網球場（テニスコート，tennis court），供體育課使用。老師的住所安排，依據〈高雄州立高雄高等女設置相關要項〉裡提到：「職員住宿費用包含在薪水中，自

---

13 〈高雄の高女　新設は可能〉，《臺灣日日新報》日刊（1923 年 8 月 21 日），
　　第 2 版。

行處理。可住學校教職員宿舍或在外租房子。」當時第一小學校提供三戶職員宿舍使用。此外，還新築適合教職員或女學生使用的湯沸室（ゆわかししつ，茶水間的意思）和小使室（小使就是校工的意思，小使室推測為校工或職員的住所或休息處）供使用。

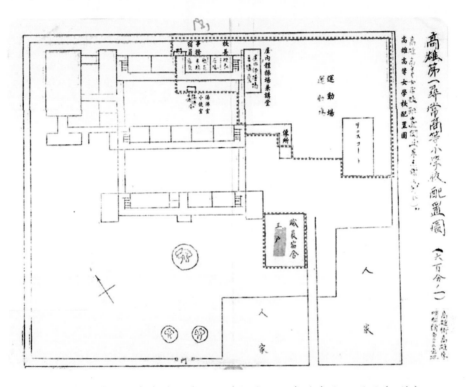

圖2　借用高雄第一尋常高等小學校北棟校舍——高雄高女配置圖（1樓）
來源：〈高雄高等女學校設置ノ件〉，《臺灣總督府公文類纂》，國史館臺灣文獻
　　　館數位典藏，典藏號：00007249023。
註：紅框處為高雄高女使用一隅。

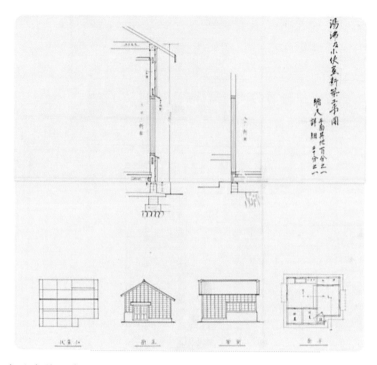

圖3　高雄高等女學校湯沸及小使室新築工事圖
來源：〈高雄高等女學校設置ノ件〉，《臺灣總督府公文類纂》，國史館臺灣文獻
　　　館數位典藏，典藏號：00007249023。
註：湯沸室及小使室新建工程規格說明如附錄。

　　北棟教室的東南半側二樓是主要的教學空間，課程的安排根據
1924年〈高雄高等女學校學則ノ件〉裡記載，當時高雄高女學生要修
習的課程包括：修身、國語（日語）、外國語（英語）、歷史、地理、
數學、理科、圖畫、家事、裁縫、音樂、體操、手藝等，這些科目分
散在四個年段有不同課程安排和修習時數。針對課程，二樓就有普通
教室、圖畫室、裁縫、作法、唱歌等不同的空間安排。

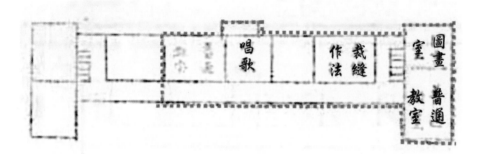

圖4　借用高雄第一尋常高等小學校北棟校舍——高雄高女配置圖（2樓）
來源：〈高雄高等女學校設置ノ件〉,《臺灣總督府公文類纂》,國史館臺灣文獻
　　　館數位典藏,典藏號：00007249023。
註：紅框處為高雄高等女學校使用一隅。

圖5　高雄高女借用高雄第一尋常高等小學校北棟校舍
來源：顏博政先生提供。

　　招生完畢，一切就緒。1924 年 4 月 25 日上午 9 點在第一小學校禮堂舉辦入學式（第一屆入學典禮），隨後開始上課。5 月 16 日由高雄州廳公布〈高雄高等女學校學則〉，並於同日早上 9 點舉行創校典禮。創校典禮由高雄州知事──富島元治主持，當天來賓眾多，有高雄郡守──來賓岩本、高雄街長──高橋傳吉、高雄中學校長──吉川祐戒、嘉義高等女學校長──根津金吾、高雄州協議會員──今井周三郎、大坪與一、陳啟貞等人前來祝賀，賀電有臺灣總督府內務局──相賀照鄉、學務課長──生駒高長、臺灣總督府商業專門學校長──加藤正生、臺南第一中學校校長──廣江萬次郎、高雄州視學──次朗野田、高雄州協議員──李幾法等人，鳳山和屏東也有不少貴賓前來。典禮一開始大家齊唱日本國歌君之代與誦讀天皇勅語，接著由名和校長致詞（中譯）：

> 窮謂欲國健全，國家社會之教育。待於良善之家庭者實多，以是則女子所負者殊矣，顯夫時勢之變遷，與進運則教育國家中堅之婦女，不可不努力，由是而觀，本校職員，負有重大之責任矣。入學諸生當整校風，體當局設立之努力，庶副社會之期待焉云。[14]

　　語畢，接著由富島知事訓示（中譯）：

> 高雄州立高等女學校開校式時，聯述所懷，夫本校以今開校，本宮誠所欤幸也，誰是欲圖男女高等普通教育機關之整備，置州以前既視為必要，此蓋鑑於設備有缺，與夫普通教育修業者中希望上進者，逐年增加，故於大正十一年設置中學校，以開男子進學之途。次為副女子進學之要望，因議本年度設置高等女學校，而適帝國議會解散，形勢不可逆，官

---

14 〈高雄高等開校〉，《臺南新報》日刊（1924 年 5 月 18 日），第 9 版。

民齊慮，別籌方法，竟得新設本校，非特州下官民所喜歡，
固亦可為國家慶也，顯現時代，文化大勢之乎，不知底止，
然國民之生活務須改善，若夫改善家庭待諸婦女之教育實
大，本校為本州唯一之女子教育機關，奉職本校者，責任固
匪輕焉，而生徒諸妹，乃本校設立時選拔者，殊有榮譽，宜
示模範於後進，譬之源泉若濁，而流不清。校長及諸職員，
雖為努力，而生徒等，亦當自覺，樹立學校好風範，外面待
地方人士之援助，以鞏圖校基，將來不僅本州，有大神益，
且可為家國文化之基本，地方文化之源泉也，應負其責，以
期副創立之趣旨云也。[15]

典禮結束後，邀請各位來賓到特別準備的房間享用點心。[16] 創校
儀式簡單隆重，不僅為高雄揭開女子近代中等教育之幕，也開啟高雄
高女的新紀元。


## 1-3　初期高雄高女的學校經營

創校第一年人事安排尚未妥當，校長人選一時無法順利產生，暫
借高雄州內務部教育課理事官「名和仁一」為第一學期代理校長、兼
理校務，當時的教職員有一名校長、三名教諭、一名書記、三名囑託
和一名雇員。第一學期結束後，在第二學期未開始之際，高雄州富島
知事希望在人事上可以稍微作調整，即向臺灣總督請示調整高雄高女
學校組織章程，1924 年 7 月 16 日內學第一一八四號公文呈示，推薦

---

15 〈高雄高女開校〉，《臺南新報》日刊（1924 年 5 月 17 日），第 2 版。「生徒」
中文即為學生。

16 〈高雄高等女學　開校式　十六日舉行さる〉，《臺灣日日新報》日刊（1924
年 5 月 17 日），第 9 版。

由「本田喜八」先生任職高雄高女校長。本田喜八擔任過臺南第一高女代理校長一職，面對高等女學校的校務運作熟悉，可想而知是高雄高女新校長的不二人選，於是後來總督府同意提案調整，名和仁一回任高雄州理事官。1924 年 8 月 20 日本田喜八校長派任高雄，據報載下午 3 點 55 分抵達高雄驛時，官民及多數女學生夾道相迎，[17] 抵達後住進高雄市湊町三丁目二十二番地 [18] 的宿舍。隔日 21 日上午 8 點主持第二學期的開學典禮，集合全校教職員工生後，由本田校長開啟了高雄高女嶄新的一頁。[19]

　　第二學期的大事，就是 10 月 25 日臺灣總督伊澤多喜男蒞校巡視。當時伊澤總督於 10 月巡視高雄，下榻的地點是壽山館 [20]，10 月 25 日當時伊澤總督於壽山館用午餐，用餐時間由高雄高女本田校長親自向總督報告高雄高女的創校經過，包含借用小學校校舍的經過。[21] 下午 1 點 15 分離開壽山館，到高雄高女參訪，本田校長率職員和學生夾道相迎，一開始先進入校長室，聽取校長作簡單的校務報告，簡報完巡視校園，並特意進入教室，觀看內山軍吉老師的教學情況，隨後離開徒步至武德殿。[22]

---

17　〈高女校長到任〉，《臺南新報》日刊（1924 年 8 月 22 日），第 5 版。
18　根據中研院臺史所之臺灣總督府職員錄系統顯示，本田喜八校長居住地：1924-1926 年湊町三丁目二十二番地、1927 年堀江町、1928 年堀江町二丁目、1929 年前金、1930 年至 1936 年前金官舍，1937 年調任高雄中學校任職校長時就改住大港六九六番地。（中央研究院臺灣史研究所臺灣總督府職員錄系統，網址：http://who.ith.sinica.edu.tw/mpView.action）
19　〈高雄高女始業式〉，《臺灣日日新報》日刊（1924 年 8 月 21 日），第 5 版。
20　此會館是 1923 年裕仁皇太子訪問高雄州，總督府特別在壽山興建賓館供太子下榻。
21　〈高雄の伊澤總督　意氣軒昂として　州廳其の他を巡視〉，《臺灣日日新報》日刊（1924 年 10 月 26 日），第 2 版。
22　〈總督巡視高雄〉，《臺南新報》日刊（1924 年 10 月 27 日），第 5 版。

　　除了總督伊澤多喜男巡視外，文獻紀錄上有不少任臺灣總督曾蒞校參訪如下：[23]

表6　歷任臺灣總督蒞校參訪

| 時間 | 總督 | 相關報導 |
|---|---|---|
| 1924年<br>10月25日 | 伊澤多喜男 | 列車在早上9時34分抵達高雄驛，官民婦人團等迎接，中學生、高女及五年級以上的小公校男女生徒整列出迎。 |
| 1926年<br>8月24日 | 上山滿之進 | 24日8時17分始赴中學校，職員生徒一齊出迎，俯聽吉川校長報告概況，由校長前導巡視校內。9時2分巡視高雄女學校，乃聽本田校長報告學務情況，向高雄驛，9時25分臨時車發高雄，10時15分抵屏東。[24] |
| 1928年<br>8月2日 | 川村竹治 | 川村總督一行人8月2日上午7時45分到高雄驛，直下州廳知事公室聽取太田知事的州治概況，接著廳內巡視，後8時20分聽取中學校吉川校長校務報告後巡視，接著高等女學校到校聽取本田校長校務概況報告後巡視，接著搭乘9時28分由高雄驛開出的臨時列車到屏東視察飛行第八聯隊。 |
| 1929年<br>9月25日 | 石塚英藏 | 上午8時5分抵達高雄驛，由太田知事和官民出迎，正午視察高雄港築港工程、水產會社，接著巡視中學校、高雄醫院、女學校等。[25] |
| 1932年<br>4月14日 | 南弘 | 於3時半，巡高雄女學校，受職員出迎，本田校長報告校務概況，後巡視高雄醫院。 |

來源：整理歷年《臺灣日日新報》、《昭和十三　高雄州立高雄高等女學校一覽》和歷年高雄高等女學校《卒業記念寫真帖》。

---

23　不僅臺灣總督巡視校園，臺灣總督府文教局安武直夫也曾於1934年5月30日視察高雄高女，不過因為1927年苓雅寮前金校區才完工，所以伊澤多喜男和山上滿之進兩位總督巡視的校園應為高雄第一小學校。

24　〈高雄之巡視〉，《臺南新報》日刊（1926年8月24日），第6版。

25　〈小川前鐵相拘引に決す〉，《臺灣日日新報》日刊（1929年9月26日），第1版。

## 1-4　新校地的擇址與擴展

　　日本殖民臺灣之初，女學校設置並非規劃內的建設。統治中葉開始，臺灣各地主要城市之市地建設與經濟發展稍具規模，面對人數越來越多的日本人之學齡兒童升學的需要，需好好思考女學生的教育發展問題。當時市區內核心街廓或土地日漸飽和，高等女學校的校地選擇只能向市區外尋求空地或新興街廓，來作為校舍興築的校地使用。

　　日本時代打狗的城市發展跟打狗港息息相關。從 1904 年《臺灣堡圖》可以看出，打狗港周邊在 20 世紀初年還並非今日繁榮的景象，一部分原因是來自於築港工作正火熱進行，港口疏濬泥沙紛紛填在今鹽埕埔一帶。當時打狗川（今愛河）從鹽埕聚落為頂點向南出延伸出兩個出海口，晒鹽為主要的土地利用，透過填海造陸，新興街道日益繁榮。打狗川的出海口左岸大竹里苓雅寮庄的位置有一海墘仔的聚落，其東北側的位置正是 1927 年高雄高女新校舍的設立地點。

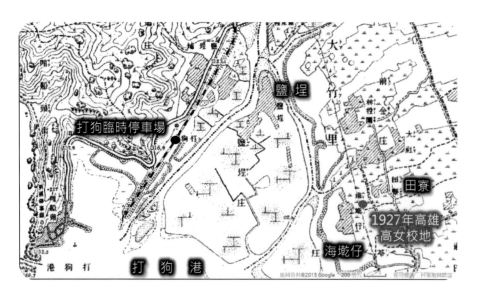

圖 6　1904 年鹽埕庄一帶聚落位置
來源：底圖為 1904 年打狗鹽埕庄堡圖，作者改繪。
註：停車場為火車站。

1908 年，縱貫線鐵路全線從基隆通車至高雄，打狗港的第一期築港計畫正式啟動，荒井泰治與陳中和等合資成立了「打狗整地株式會社」、「打狗土地株式會社」等土地開發公司，1909 年港內的疏濬沙土填在哈瑪星，哈瑪星變成新市街用地，一併整治打狗川。第二期築港工程從 1912 開始進行調查，工程包含鹽埕南方的七座碼頭亦延伸與增加至十座、整治打狗川[26]，整治後河東新興完整埔地大面積露出，河西的海埔新生地更採棋盤狀規劃街道形式，使得街道南端與打狗港的港埠與碼頭設施呈垂直相交，往西南延伸擴張的苓雅碼頭也建設完成，鹽埕遂成為此時期打狗都市擴張與人口集中的新興地區。[27]

1920 年打狗改名為「高雄」，並配合改為州制。1924 年高雄州獲得設立高等女學校的許可，1925 年底高雄州廳開始要編定新年度預算時，討論到高雄高女的學校狀況，本來以第一小學校允作臨時校舍，因於增加學級，擴編的學生人數逐年增多，校舍越來越不敷使用，當務之急就是一定要選適當的地方新建校舍。

校舍的建築須依照法規興建，在〈臺灣公立高等女學校規則〉裡第五章第十九條編制、職員及設備中規定：「學校的設立位置需在衛生道德上是無害的、適合建造穩固校舍的場所。校舍必須適宜教學、管理及衛生，又必須樸實堅牢。」所以衛生、教學、牢固是法規中的設置必要考量，此外也要考量通學距離、遠離商業區、市區外的通風乾燥土地等因素，以及避免地價高徵收時造成經濟負擔，[28] 高雄川河

---

26　1920 年後配合州治設立，改稱高雄川。

27　洪啟文，〈高雄港市聚落的形成、擴展與互動發展（1624-2004 年）〉（臺北：中國文化大學地學研究所博士論文，2007），頁 98。

28　蘇信宇，〈臺灣日治時期中學校與高等女學校建築之研究〉（臺南：國立成功大學建築學系碩士論文，2001），頁 2-23。

東苓雅寮地區因為河道剛整治完成，新生空地很多，應當是個不錯選擇。鹽埕和哈瑪星是當時日本人主要居住的地區，當時學生來源以日本人為多，這個新校舍的敷地，隔河與鹽埕主要商業區相鄰不遠，理當不會造成太長的通學距離。綜合以上的考量，於是最後就決定設校在苓雅寮。

根據土地登記簿顯示，苓雅寮的新校舍該地最早於 1906 年 8 月登記的公業黃吉，管理人為住在前金庄的黃港，地目為「田」，最早期的土地是作為農業使用。這塊土地後來於 1915 年 10 月 16 日，因杜賣契字賣給打狗土地株式會社，地目變更為「建築敷地」，是為大竹里苓雅寮庄「三番地」。

1925 年底，高雄州廳開始要編定新年度預算時，特別在新規事業的項目中增加「臨時部分」，編定以新建高雄高女新校舍的營繕土木費預算最多，一共編列 9 萬 2,680 圓作為買收新校舍敷地、校舍及附屬建物和寄宿舍增築費 [29] 所用。

1926 年 3 月州政府發現苓雅寮庄三番地這塊素地，經過仔細調查與研究，將是未來新興都市計畫中各種敷地的好選擇，如果又正好將高雄高女設置於此，更是可以順勢解決很多問題，於是開始著手收購此筆地作為高雄高女新校舍建地之用。同年 5 月新校舍設計完成，不過因為新校舍土地價格無法談妥，導致購地進展不太順利，後來經過多次協商，[30] 9 月 29 日順利將該筆土地由州政府以 2 萬 1 千圓順利購得，9 月 30 日下午 1 點由本田喜八校長率領法師，在新校地舉行

---

29 〈高雄新規事業〉，《臺南新報》日刊（1925 年 12 月 15 日），第 10 版。
30 〈高雄高女敷地　買收行惱〉，《臺灣日日新報》夕刊（1926 年 6 月 25 日），第 1 版。

地鎮祭，[31] 隨後工程開始進行，11 月 30 日將土地所有權移轉給州政府。

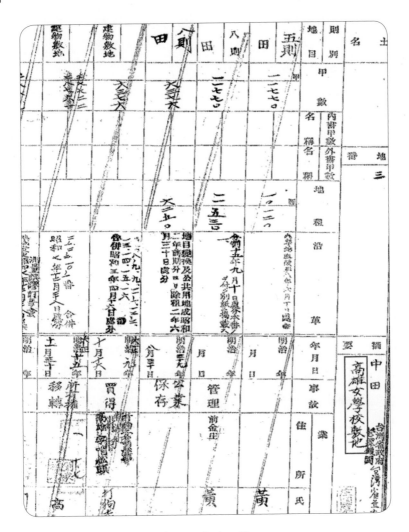

圖 7　日本時代苓雅寮三番地土地登記簿
來源：新興地政事務所提供。

31 〈高雄高女地鎮祭〉，《臺灣日日新報》日刊（1926 年 9 月 30 日），第 7 版。

　　參考與新校舍設立較相近的 1926 年〈高雄築港平面圖〉，圖上顯示高雄高女預定地周邊的土地利用仍是水田。因為高雄川剛整治完成，為了取直角方便連結與通行，河道以東一帶的街道系統設計成與高雄川主河道成垂直相交；此外，高雄港第二期的築港計畫也正在進行，疑規劃一條中段部分約略與高雄川平行的道路系統（圖中淡藍色的線條），套用中研院高雄市百年歷史地圖系統之疊圖分析，此道路北端從今中都街 97 巷一帶往東行，過今河北二路後，接著順著今瑞源路，經過今大同路，在今大同國小西北角後轉向西南方向，最後經高雄高女東側，採取和港埠（今光榮碼頭）垂直的方向為終點，高雄高女學校東側正好緊鄰這條道路，校地的東側相鄰所以受其影響，今日的英雄路是很重要的痕跡；另在平行的道路設計原則下，校廓西側採取與之互相平行的規劃，遂造就今市中路的走向，進而影響學校北側的道路需與今市中路垂直，又學校門前緊鄰東西向的第五號道路[32]，街道走向影響特殊校廓形狀，形塑高雄高女校地變成「御飯團」式樣的畸零不等邊三角形。

　　上述的計畫後來因故變更，反倒是 1933 年〈高雄市區改正圖〉中顯示政府當局仍保留了與高雄川垂直道路系統，並且一路延伸到苓雅寮，統一了高雄川整治後東岸新土地的道路規劃，高雄高女門前的第五號道路也為了配何此一發展轉往東北東方向轉了一個小方向。以上種種說明高雄高女校地南側、西側與北邊輪廓的發展深深受到高雄港與高雄川的影響，今日市中路、英雄路與五福路都是當初假想規劃留下來的清楚痕跡。

---

32　高雄高女學校門前為 1933 年高雄市街改正計畫中編定「第五號道路」，道路設計斷面 30 公尺寬，第五號道路在大門東側主要走向為東北東－西南西走向，到學校門前轉為東西走向，過明治橋（今五福橋）後又小幅度地為轉為西北西－東西東走向。

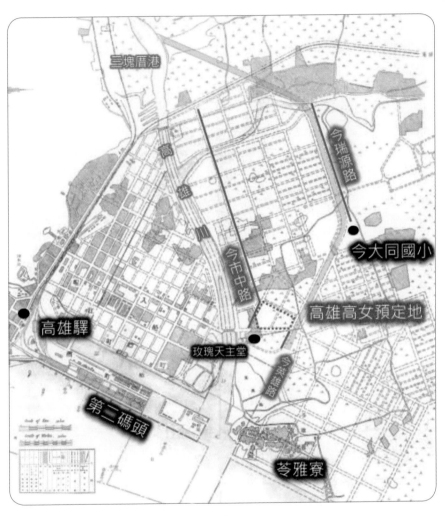

圖 8　1926 年高雄高女預定地周遭地景
來源：底圖為中研院提供之 1926〈高雄築港平面圖〉，作者改繪。

　　1927 年 3 月 25 日苓雅寮新築校舍完工，西側部分竣工並舉行落成儀式，早上 11 點名和仁一教育課長開幕式的祝辭，接著高雄州內務部土木課——和田真技師做工事報告，高雄市尹——尹岩本多助祝

辭，高雄州視學──鈴木寬祝電，儀式結束前在校舍玄關前拍紀念照，接著在室內體操場由高雄市主辦祝賀宴與市民一起同樂，當天天氣晴朗，官員、來賓、居民大約三百名。

　　新校舍南側主棟總共 440 坪，為煉瓦二層樓建築，有體操場木造 120 坪、便所煉一棟瓦造 14 坪 5 合、小使室轉移改築工事木造一棟 12 坪、湯吞場（茶水間）一棟 28 坪 7 合 5 勺、廊下 10 坪，合計 616 坪 2 合 5 勺，1926 年度總預算 8 萬 9,560 元。全部工程至 3 月底屢約完成 [33]，4 月 1 日全體學生移轉至苓雅寮新校舍上課，一邊上課、東側工事一邊進行，1928 年南棟主體校舍東半部增築工事竣工。

　　高雄高女 1924 年創校，1925 年開始逐年增加一學級，1928 年出現第一屆畢業生。[34] 高雄高女的新校舍逐年增加，學制也逐年完備，穿著水手服的女學生上、下學往來於鹽埕與苓雅寮，青春的談笑聲為當時的高雄增添一抹年輕的氣息，水手服的標誌也成為港都小女生的嚮往。

---

33 〈高雄高女校新築落成〉，《臺灣日日新報》日刊（1927 年 3 月 16 日），第 4 版。

34 由於畢業生數量日益增加，為了提供深造機會或職業訓練，日本政府於全臺各地高等女學校，均在本科教育之上增設一年制的進修教育，包括師範科、講習科或補習科，高雄高女於 1930 年 3 月 31 日通過核准成立補習科，隔月 4 月 4 日早上 10 點舉辦補習科入學式，第一屆補習科學生共 25 名，修畢一年後即可畢業，所以隔年 1931 年 3 月 18 日舉辦第一屆補習科修業式。

圖 9　南主棟全部完工
來源：〈（高雄名勝）女子教育に高き理想を揭ぐろ　州立高雄高等女學校〉，
　　　國家圖書館提供，登錄號：002417357。

圖 10　高雄高女學生放學的情況
來源：1935 年高雄高等女學校《卒業記念寫真帖》。
註：照片右後遠方為今玫瑰天主堂，照片前方為高雄高女的學生，行走道路為
　　今五福路，中間為跨越高雄川的大橋。

# 2. 帝國最南——成為高雄高女人之必須

　　想成為高雄高女的一分子，可不是那麼簡單。日本時代的臺灣，小、公學校的畢業生想要繼續接受中等教育，必須參加「臺灣中等學校入學試驗」的招生考試，考題各學校都不一樣，出題方向大多是偏向以日本人生活為中心。當時對臺籍的本島人而言，如果能夠通過困難的日語考試取得中等教育的入學許可，已非容易之事，尤其又在傳統的性別觀念下，家庭對女生念完小、公學校後，規劃繼續升學的想法往往都不高，所以女學生能夠取得高等女學校入學資格，更是非常不容易之事，回想當時，如果順利通過入學試驗，成為高雄高女的學生後，穿著水手式制服、戴著制帽、配戴徽章走在路上，大家一定都會投以羨慕的眼光。

## 2-1　全島中等學校入學試驗

　　高雄高女於 1924 年創校後，4 月 7-8 日舉行第一回入學考試，隔年開始為配合整個學年度的開學時程，入學考試時間就安排在 3 月底舉行，不過這樣的考試時程安排，其實就會讓小、公學校畢業生準備考試的時程整個就會往前挪，農曆新年就也會陷入苦讀的地獄中。[1]

　　入學考試費用 1 圓，於提出入學申請時收取。報考者要先填入學申請書，在其上著名自己的本籍地、現在住所和族別，同時上履歷表和成績單、身體檢查表和戶口名簿的抄本，履歷表裡面記載考生的出生地、小公學校入學與畢業日期，以及特殊事項與優異表現，特別是日籍考生，需註明渡臺時間。[2]

---

1 〈開かれる "窄き門" 高雄州下女學校に朗報〉，《臺灣日日新報》日刊（1941年 1 月 17 日），第 4 版。
2 卓姿均，〈日治時期高等女學校與臺灣女性〉（臺北：國立臺灣師範大學臺灣史研究所碩士論文，2016），頁 45。

　　一開始考試科目不多，只考「算術」、「國語（綴方）」、「國語（講讀）」和「口頭試問」，並加上「身體檢查」；口頭試問是要觀察考生的言語（日語使用的流暢程度）、態度（是否為國家要求）、容姿（是否達到日本式禮儀要求標準）。題目內容含時事、自己的身家背景、對國策與鄉土的了解；[3] 身體檢查是希望入學的女學生都能夠擁有健康、「標準」的體魄。1930 年開始口頭試問增加「以筆回答」的考科，訓練考生聽日文發聲，可立即用日文回答問題的能力。若以同等以上學歷報考者，需要比規定加考二到三個學科。上述這些測驗項目稍具難度，臺中第一中學校第一任校長田川辰一曾說，中等學校的入學考試中的口頭試問，除了測驗考生日語解釋和回答的程度，也會調查學生在公學校及家庭之品性，又依其父兄所有財產、收入狀況，是否能供給其將來之學費來評判是否適合入學，換句話說，口試可以篩掉家境不佳者，這也是當時經濟影響學生升學的因素之一。[4]

　　1930 年開始考科增加，1935 年加考「國史科」，以期培養考生能了解日本國史。1930 年代末期戰事爆發，日本政府要求增加「國民體位向上」[5] 測驗，1937 年在第三天的考科中增加「體力檢查」與口頭試問並列，接著於 1942 年三天考科中，刪除以往考的算術、國語（綴方）、國語（講讀），保留筆試答問、口頭試問／身體檢查／體力檢查，特別增加「人物考查」、「運動能力檢查」兩項，前者「人物考查」是國民學校校長對該考生之觀察與評價，後者「運動能力檢查」取代學術專業科目，希望可以招生運動能力卓越的學生，明顯看出戰時的影響對高雄高女的招生入學產生了很大的改變。

---

3　卓姿均，〈日治時期高等女學校與臺灣女性〉，頁 55。

4　朱珮琪，《臺籍菁英的搖籃：臺中一中》（臺北：遠足文化，2005），頁 86。

5　體位向上就是增強體能，是當時日本本國對徵兵對象之青年體位有相同的要求，往後延伸至高雄高女入學的體位檢定的制度。

考試天數方面，隨著考科增加，天數也會增加。1924 年至 1927
年舉辦一連兩天考試，1928 年至 1938 年改為三天，1939 年至 1941
擴張到四天，1942 年考試天數最多，一連舉辦五天，1943 年再改回
三天。在考場的設置方面，1924 年創校第一年在高雄第一小學校設
置考場，當時高雄州轄有高雄、屏東、澎湖等地，為顧及轄內女學生
的應考需求，1925 年增加了恆春、馬公兩考場，1926 年增加了臺東
廳考場，前面兩者試場就設在兩地的郡役所內，不過 1926 年後馬公
和 1930 年後的恆春，都改在當地高等小學校應考，有可能是因為考
生多為小學校的畢業生，方便考生應考。1929 年考場設置刪除馬公
地區，只剩高雄高女本校與恆春尋常高等小學校兩地，1932 年屏東
高等女學校成立（以下簡稱屏東高女），屏東區女學生入學有了新的
選擇，於是 1934 年後入學試驗考場就裁撤屏東試場，最後全都在高
雄高女本校應試。

表7　高雄高女入學試驗場

| 年代 | 考場 | | | | 附註 |
|------|------|------|------|------|------|
| | 高雄地區 | 屏東地區 | 澎湖地區 | 臺東地區 | |
| 1924 | 高雄第一尋常高等小學校 | | | | |
| 1925 | 高雄第一尋常高等小學校 | 恆春郡役所 | 澎湖郡役所 | | |
| 1926 | 高雄第一尋常高等小學校 | 恆春郡役所 | 馬公尋常高等小學校 | 臺東廳 | |
| 1927 | 本校 | 恆春郡役所 | 馬公尋常高等小學校 | | |
| 1928 | 本校 | 恆春郡役所 | 馬公尋常高等小學校 | | |
| 1929 | 本校 | 恆春郡役所 | | | |

（續上頁）

| 年代 | 考場 | | | | 附註 |
| --- | --- | --- | --- | --- | --- |
| | 高雄地區 | 屏東地區 | 澎湖地區 | 臺東地區 | |
| 1930 | 本校 | 恆春尋常高等小學校 | | | |
| 1931 | 本校 | 恆春尋常高等小學校 | | | |
| 1932 | 本校 | 恆春尋常高等小學校 | | | 屏東高女成立 |
| 1933 | 本校 | 恆春尋常高等小學校 | | | |
| 1934-1944 | 本校 | | | | |

來源：歷年《高雄州報》。

　　考生的來源也相當多樣。除了高雄州的考生外，臺東地區也有學生想要念高雄高女，1926 年增加臺東廳考場。不僅如此，在〈昭和十三　高雄州立高雄高等女校覽〉中還發現，1927 年學生入學的人別中，除了內地人和本島人的考生外，還有朝鮮人 1 名、支那人 1 名的入學志願者，顯示當時朝鮮人或支那（當時臺灣海峽西岸之中華民國）屬於「外國人」的身分，也可以參加入學考試，不過可能因為某些因素，後來這兩位「外國人」都沒有取得入學許可。

　　當時高等女學校屬菁英教育，應考生都是各地的菁英女學生，每次的考試也成為各方矚目的焦點，該時新聞的重點報導當然就會特別報導，如 1927 年 3 月 27 日上午 9 點舉行入學考試：「該年度總考生有 179 名，其中恆春考生 1 人（考場在恆春郡役所）、馬公考生 1 人（考場在馬公尋常高等小學校），其餘在高雄高女應考。考試為期 2 天，27 日先考國語、算術，28 日考國語、算術、作文，31 日公

布成績，4月5日下午1點舉辦入學儀式[6]。這場考試和中學校入學考試一 ，女學生們是既興奮又緊張，陪伴的家人、老師都衷心期待學生們能夠金榜題名，張貼在校園的考試問題紙前面，更是擠滿了人潮。[7]」

　　大體上試題的出題方向多偏向以日本人生活、日文思考為中心。比如在國語（講讀）科目，有日文的語詞測驗，如將考題上所列的片假名改寫為漢字，或用漢字造詞（1929），或用日文單詞造句，或用假名將漢子注上讀法（1929），或日文短文閱讀測驗等；在日文的應用文上，譬如在打電報時要使用什麼語詞（1928），或希望考生可以解題日文短篇詩歌的意象。雖然總督府規定考試範圍不得超過小、公學校六年所使用的教科書內容，但縱觀歷屆的考題方向，多少還是有利於習慣用日文、日式生活為基礎為日本子女應答。

　　考題也是一個非常適合「政治／政策置入性行銷」的空間，以期在作答中培養日本人的民族情操。有些年份的考題把日本的大和民族、神道宗教或皇族家國概念融入考題，如日出之國國民是全世界各國人民的先驅（1931）、滿州事件後建設新國家的萬眾一心（1932）、青年人打掃明治神宮並了解神社的分布圖（1934）、富士山不只讓日本風景美麗也蘊育值得誇耀的國體（1937）、皇大神宮主要位在哪裡？祭拜誰？（1937）等，從舖陳的敘述或刻意地安插政治詞句在考題中，讓考生能夠以日本國民思維的基準來作答，甚至利用「換位思考」，把自己比擬成日本國民，無非都是希望透過考題／教育的潛移默化，將臺灣民人培養成為日本皇民。

6　〈生徒募集要項〉，《高雄州報》（1927 年 2 月 26 日）。
7　〈高雄高女入學試驗　昨日施行〉，《臺灣日日新報》日刊（1927 年 3 月 28日），第 3 版。

　　在地化的試題也曾經出現，測驗文字中就曾適度融入臺灣南部
地方與地景作為題幹敘述，如短文中出現鵝鑾鼻的敘述（1931）。
不僅如此，考題也會測驗專業的學科知識，如理學的達爾文進化論
（1927）、地理學的巴西位置（1927），或者大規模式的農業經營指的
是什麼呢？（1930）等，考題的難易可說是包含理論與實察、基本與
應用、東文與西學等。試卷的命題也有特殊情況發生，比如 1939 年
高雄高女就與屏東高女使用同一份入學考題。

　　每年「臺灣中等學校入學試驗」舉辦完畢，坊間出版社會蒐集相
關答案，併同考題一起出版，成為來年的考古題彙集，編者大多為國
語學校或小學校教職員。而政府當局也相當重視教育，在考後會舉辦
研究會，調查試題的狀況、討論命題是否適當，以利改進命題技巧，
如 1929 年 3 月 14 日，由試務單位舉辦試題研究會，調查高雄高女的
入學試題題目是否得當，在國語考科方面認為：「應用文大致適當，但
選擇題得再重新思考是否適當。」而在算術方面認為：「大致適當」。[8]

　　「綴方」如同中文的作文，每年都會給定題目，題目的方向其實
都很生活化，比如「今年的過年」（1928）、「星期天」（1938），希望
考生能夠對自己的日常生活能夠有深入的觀察與體會。題目不少也會
融入學校生活的日常，比如「畢業之日」（1934）、「運動會」（1936）
等，希望學生在經過小／公學校的培養，能夠習慣現代教育的規範，
並能主動積極參學校活動。不過這些題目都需要用日文書寫，甚至要
求考生要用口語體書寫，考生若無基本的日文能力，需要用日文寫成
長篇文章其實是很不容易的。

---

8　〈昨年三月の全島中等學校　入學試驗問題（下）〉，《臺灣日日新報》日刊
　　（1929 年 3 月 14 日），第 8 版。

表 8　歷屆綴方考題

| 年代 | 綴方題目 |
|------|----------|
| 1924 | 我的母親 |
| 1927 | 當一聽到天皇駕崩時 |
| 1928 | 今年的過年（請用口語體書寫） |
| 1929 | 我常走的一條路（請用口語體書寫） |
| 1930 | 夜（請用口語體書寫） |
| 1931 | 狗（請用口語體書寫） |
| 1932 | 雨（請用口語體書寫） |
| 1934 | 畢業之日 |
| 1936 | 停車場（請用口語體書寫） |
| 1937 | 運動會（請用口語體書寫） |
| 1938 | 星期天 |
| 1939 | 打掃 |
| 1941 | 附近的小孩 |

來源：歷年《全島中等學校入學試驗問題集》。

## ◎ 錄取率

　　高雄高女本科生歷年總平均錄取率差不多都在 50% 上下，其中志願入學者以內地人佔多數，數量逐年明顯上升；相較之下，本島人除第一年有 91 名最多外，但人數是逐年遞減，甚至 1930 年後每年不到 50 人。相對取得入學許可的錄取人數來說，內地人也是佔多數，本島人佔少數，內地人錄取率在 1925 年最高有 80.58%，其後逐年下降，本島人長期來看相對上升，尤其在 1935 年錄取率更是有 48%，逼近內地人 60.65% 的錄取率。但不管錄取率高低如何，在當時一般家庭對女生念完小、公學校後，能繼續升學的期待往往都不高，女學生們又能夠通過困難的日語考試取得入學許可，特別是本島人而言，已經是非常不容易的事情了。

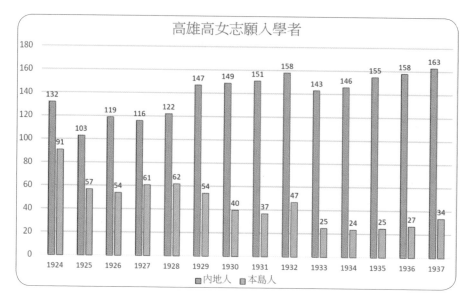

圖 11　志願入學者
來源：統計自歷年《臺灣總督府學事年報》。

　　日本統治的中葉開始教育政策強調內臺共學，但實際上本島人和內地人之間的升學還是存在很激烈的競爭關係，直至戰前的統計顯示，入學錄取率本島人都相較都不高。1942 年畢業的臺灣籍張瑞妍校友表示：

　　像我的學妹、同學，很多腦筋很好都沒有辦法進來，高雄市只有我一個！我一進來看日本人，有的唸書唸得不好，小時候不知道他們對臺灣人有差別待遇啊，像你們這麼小，沒有那個觀念，想說奇怪啊～我的同學唸書唸得那麼好，怎麼不能進來？啊這個同學這麼簡單也不會！日本人對臺灣人有差別待遇，有時候日本人會到我們學校來，問我們過去在這裡

辦教育我們感覺怎麼樣，我就跟他們說：「我們感謝你們給我們支持，讓我們了解這個社會，可是你們對臺灣人有差別待遇。」他們好像覺得怪怪的聽不懂，我說有啊，唸書唸得很好沒辦法進來，110 名，高雄市只有我一個，我的同學唸書唸那麼好都不能進來，我進來看日本人，那麼簡單的數學都不會！我就告訴那個老師：「你們對臺灣人有差別待遇，這個不對！」

（2014 年 11 月 7 日雄女九十週年日籍校友返校訪談）

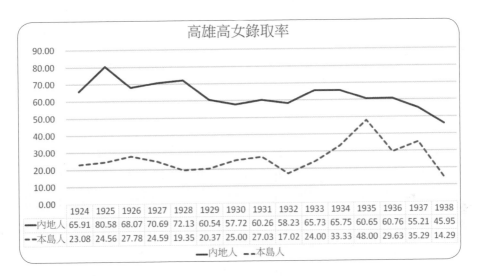

| 高雄高女錄取率 | | | | | | | | | | | | | | | |
|---|---|---|---|---|---|---|---|---|---|---|---|---|---|---|---|
| | 1924 | 1925 | 1926 | 1927 | 1928 | 1929 | 1930 | 1931 | 1932 | 1933 | 1934 | 1935 | 1936 | 1937 | 1938 |
| 內地人 | 65.91 | 80.58 | 68.07 | 70.69 | 72.13 | 60.54 | 57.72 | 60.26 | 58.23 | 65.73 | 65.75 | 60.65 | 60.76 | 55.21 | 45.95 |
| 本島人 | 23.08 | 24.56 | 27.78 | 24.59 | 19.35 | 20.37 | 25.00 | 27.03 | 17.02 | 24.00 | 33.33 | 48.00 | 29.63 | 35.29 | 14.29 |

圖 12　錄取率
來源：統計自歷年《臺灣總督府學事年報》。

臺籍學生入學困難的現象，一部分是因為各地女學校設置的請願運動，多半是由日籍知事和郡長聯合街庄長發動，所以運動設校的最終極利益為少數日人子女提供更多的受教機會；[9]另一部分，也與不公平的入學考試有關，因為考試題目多出自小學校教科書，根據〈高雄州立高雄高等女學校學則〉第十一條：

> 第一學年入學志願者，修業年限六年的公立學校畢業生，舉行學力檢定。檢定範圍以尋常小學校所教授的修身、國語、算術、日本歷史、地理、理科為主。

（劃線為筆者所加）

如此的出題範圍，公學校畢業生自然無法與之相競爭，所以臺籍女學生必須努力苦讀，經過艱苦的升學競爭，才能獲得中等教育的機會，實在是非常辛苦。另一方面，報考高等女學校需要師長推薦，老師會依照學業成績、家世背景為標準，推薦同學報考志願，老師對於學生要報考的學校有一定的話語權。[10]如果應屆沒有考上，可以選擇報讀高等科，或選擇私立高等女學校就讀，或者跨區報考其他州的高等女學校。

---

9　游鑑明，〈日據時期臺灣的女子教育〉（臺北：國立臺灣師範大學歷史研究所碩士論文，1987 年），頁 101。

10　卓姿均，〈日治時期高等女學校與臺灣女性〉，頁 43。

## ◎ 轉入學者

　　如果想要申請轉入高雄高女的學生，經過原學校校長的認定，有正當事由，持著原學校在學證明書、成績單及其學科課程表即可申請。轉學生不能夠透過測驗轉入同一學年，如果原學校的學科課程有差異，就要針對該學科進行額外的測驗。據統計，轉入高雄高女就讀的同學每年人數不一，內地人佔多數，幾乎每年都有超過 10 人以上，其至 1930 年達 22 人為最多，本島人則在 1931 年後才有個位數人轉入就讀，不過總體來說轉入的人數是逐年上升。

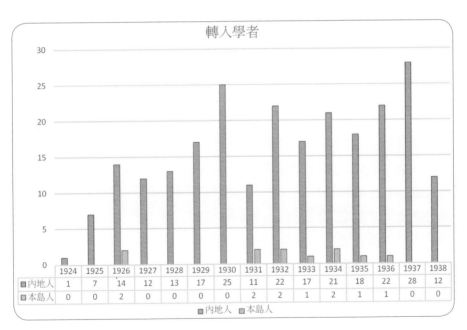

圖 13　轉入學者
來源：《昭和十三　高雄州立高等女學校一覽》。

## 2-2　學生事務

### ◎ 身體檢查

　　擁有健康的身體狀態是念書的基本條件，也是現代教育中重要的一環，更是成為日後優良的日本國民不可或缺的要素。高雄高女的入學試驗中有一項是「身體檢查」，每學年初會進行身體檢查，檢查項目有身高、體重、胸圍和其他等。一般來說就讀高等女學校的學生年紀都位於 13-16 歲之間，類似現今臺灣教育制度中國中到高一的階段，此階段是人體生長發育最旺盛的時期。

　　在臺灣，學校實施身體檢查的制度源於日本內地「活力檢查」，測量學童施行體操課程後對身體發育的影響，1910 年制度化，公學校及其他中等以上學校皆依據該規程施行身體檢查，詳細檢查與記錄學生的「體格」，包含身高、體重、胸圍等發育情況，然後綜合評定「強健」、「中等」或「薄弱」等三大項。1921 年〈學校生徒兒童身體檢查規則〉以「發育」取代「體格」，發布該年齡應有的標準值，作為評比內地人與本島人的發育情形。[11] 這些檢查結果學校會將之做成全體的統計表，同時提供給學生本人作為參照，讓學童充分自覺自己的健康狀態與平均之間的差異，如果發現低於平均值，學童們就會自動自發的努力提升體位，這個自覺到了戰爭時期更是重要，國家會從各種面向要求國民自己增進健康的工具，養成健康的體魄從而為國家所用。[12]

---

11　陳宜君，〈製作健康兒童——日治時期臺灣學校衛生事業之發展〉（臺北：國立臺灣師範大學臺灣史研究所碩士論文，2013），頁 43。

12　許佩賢，〈日治時期的學校身體檢查〉，《臺灣學通訊》，(55)（2011），頁11。

　　高雄高女 1938 年對校內 13、14、15、16、17 歲五種年紀的學生作身體檢查，取樣的人數內地人在各種年紀中各有 74、97、98、93、30 人受檢，本島人有 1、10、8、13、7 人受檢，可以發現，女學生的身高和體重平均值都逐年上升，將檢查的數據加總求平均數，前提先不考量樣本數量的統計差異，平均本島人的身高、體重都略低於內地人。

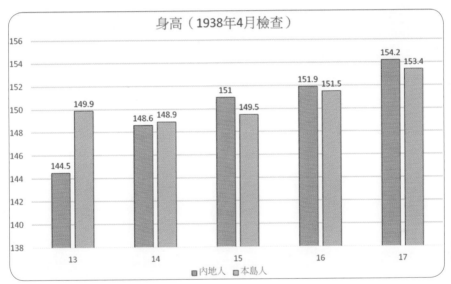

圖 14　身高

來源：1938 年《高雄州立高雄高等女學校一覽》。

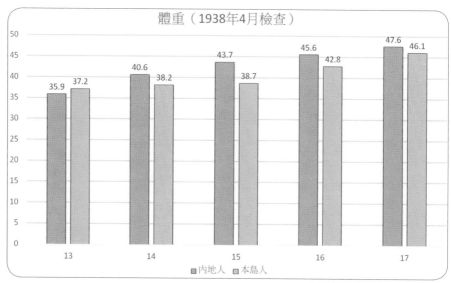

圖 15　體重

來源：1938 年《高雄州立高雄高等女學校一覽》。

## ◎ 學費與家長職業狀況

　　根據〈高雄高等女學校學則ノ件〉規定，授業費（學費）為每學年24 日圓，每學期 8 日圓，雜費每學期 1 日圓，因為收費項目眾多[13]，各校可自行決定。當時臺灣社會環境還不是很富裕，能夠念書的家裡經濟狀況大致都不錯。根據 1938 年的調查，高雄高女學生家長的職業以「官員、公務員或公家機構上班人員」為主要多數，人數比例就佔了快全校的一半，其次是「會社、銀行的店員」，接著「商人」、「醫生」等，這些職業都是服務業、收入高且穩定，也屬於當時社會中上層階級，其子女在就讀期間不用擔心學費、生計之外，家裡的大多事

---

13　如學費、校友費、修學旅行積金、制服費、書籍費、學雜費、家事材料費、裁縫手藝費、戰役役援費、家長會費等。

業也不需操心，可全心全意投注課業學習中。

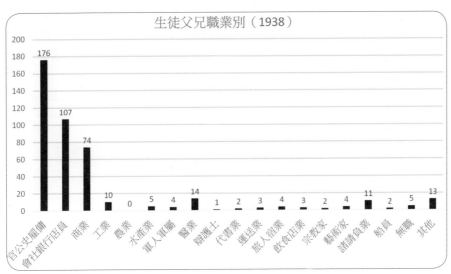

生徒父兄職業別（1938）

圖 16　家長職業別

來源：《昭和十三　高雄州立高雄高等女學校一覽》。

註：「生徒」即為學生。

## ◎ 學年成績

　　當時就讀的女學生，大都來自臺灣中上階層的家庭，每位都具有強烈的上進心，在學科成績的表現上也都力求完美。各學年課程在每學期結束時會有學期總成績的計算，每學年結束時也會有學年總成績的發布，學生學業成績和考試成績每一科目以一百分為最高分，學生操行成績分為甲、乙、丙、丁四等級，四年級時如果要順利畢業，畢業成績以所規定的學年總成績為準。

　　下表為統計每年學生「及」（及格）、「落」（不及格）的人數，1924 年第一年不及格人數很多，比率也是戰前歷年最高，可能是因

為高雄地區的女學生第一次接受中等教育，學習狀態和課程難易都還在調整適應中，不過後來不及格人數有逐年下降。整體來說，不及格人數在數量上以 1929 年前臺灣人不及格的比率較高，1930 年後換成日本人不及格率較高。對學生來說，若每個學年修業及格，四年期滿就可以順利畢業。

表 9　歷屆學生「及」、「落」人數

| | | 學生人數 | 及 | 落 |
|---|---|---|---|---|
| 1924 | 內地人 | 80 | 77 | 2 |
| | 本島人 | 19 | 16 | 3 |
| 1925 | 內地人 | 156 | 154 | 6 |
| | 本島人 | 30 | 30 | 2 |
| 1926 | 內地人 | 229 | 219 | 3 |
| | 本島人 | 43 | 43 | 0 |
| 1927 | 內地人 | 290 | 290 | 0 |
| | 本島人 | 57 | 57 | 1 |
| 1928 | 內地人 | 305 | 304 | 1 |
| | 本島人 | 53 | 53 | 0 |
| 1929 | 內地人 | 325 | 320 | 5 |
| | 本島人 | 47 | 46 | 1 |
| 1930 | 內地人 | 332 | 318 | 0 |
| | 本島人 | 43 | 42 | 1 |
| 1931 | 內地人 | 324 | 321 | 1 |
| | 本島人 | 42 | 42 | 0 |
| 1932 | 內地人 | 330 | 319 | 0 |
| | 本島人 | 39 | 39 | 0 |

（續上頁）

|  |  | 學生人數 | 及 | 落 |
|---|---|---|---|---|
| 1933 | 內地人 | 342 | 332 | 2 |
|  | 本島人 | 37 | 37 | 0 |
| 1934 | 內地人 | 352 | 340 | 4 |
|  | 本島人 | 36 | 36 | 0 |
| 1935 | 內地人 | 362 | 361 | 1 |
|  | 本島人 | 37 | 37 | 0 |
| 1936 | 內地人 | 368 | 366 | 2 |
|  | 本島人 | 36 | 36 | 0 |
| 1937 | 內地人 | 370 | 357 | 3 |
|  | 本島人 | 41 | 41 | 0 |

來源：統計自歷年《臺灣總督府學事年報》。

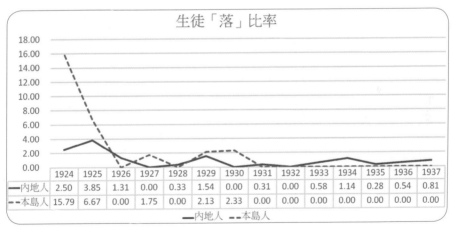

圖 17　生徒「落」比率
來源：統計自歷年《臺灣總督府學事年報》。

　　日本時代能夠進入高雄高女就讀本屬不容易，但也不是每個學生都能順利畢業，在學程上也設有退學的機制，根據〈高等女學校規則〉第七十條規定：

　　學校校長對學生符合下列各款之一者，應命令其退學：
　　1. 經認定品性不良而無改善可能者。
　　2. 經認定學力劣等而無完成學業可能者。
　　3. 持續缺席一年以上者。
　　4. 無正當事由而持續缺席達一個月以上者。
　　5. 不常出席者。

　　有關退學的一般規定，中等教育與初等學校並無差異，退學者通常都是指品性不佳、學業極差或缺席率過高者都會被罰以退學處分，但實際上，參與社會或政治活動，更列為退學的重要因素，如 1928 年 6 月 4 日高雄高女學生簡娥，因參加高雄州的農民運動，由學校召開家長會，令其操行成績不及格，予以退學處分。[14] 跟簡娥為同窗好友的張玉蘭也是如此，1927 年因為加入農民組織，1928 也被學校勒令退學。

## ◎ 學生制服

　　日本學校制服的歷史出現於 19 世紀，來自歐洲皇室家庭的小孩子穿的迷你版水手服，因為縫製簡單關係，因此很快就被大家採用，做成學生制服。高雄高女的制服為水手服，分夏季和冬季款示。夏季的制服在 1924 年 5 月 29 日由政府當局公告標準樣式，以人造絲的

---

14　游鑑明，〈日據時期臺灣的女子教育〉，頁 185。

細平紋質地為主，上衣是白ジンス（jeans）、ハキヤラコ襟、カフス（袖口）為水色朝鮮木綿，這個是從海軍（水兵）變種而來，下衣ブラウス（Blouse）是白キヤラコ，裙子スカート（skirt）為水色朝鮮綿布，前後折幅，腰間有皮帶和釦子，配戴白襟學校徽章，下衣紮進裙子裡，帽子為白ジンス（jeans），前有帽沿（ツバ）裝飾，水色飾帶環繞，靴子分為黑色和白色兩種短靴，襪子為長尺度的黑及白兩種。

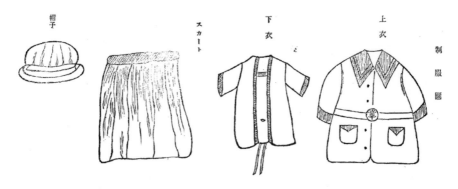

圖 18　高雄高等女學校制服形制
來源：〈生徒服制制定〉，《高雄州報》（1924 年 6 月 5 日）。

圖 19　白衣長裙夏季制服
來源：1938 年高雄高等女學校
　　　《卒業記念寫真帖》。

圖 20　冬季制服
來源：1937 年高雄高等女學校
　　　《卒業記念寫真帖》。

冬季是深色上衣與深色過膝長裙，是紺色人造纖維的斜紋嗶嘰[15]，同色領帶，領口、袖子附有三條0.5公分寬的白線，左胸口處是代表各校的徽章，上衣正面的下擺及裙子正面的腰部，如同男學生一般，有繡姓名的小布條。正式場合的衣著皆以冬季服為主。

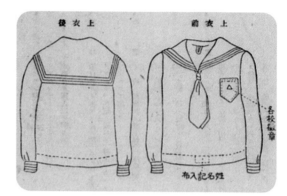

圖21　冬季制服樣式
來源：〈學校生徒兒童ノ服裝統制ニ關スル
　　　——女子中等學校生徒制服仕樣書〉，
　　　《臺灣學事法規》，臺灣教育會。

圖22　高雄第一高女紀念章
來源：高雄市立歷史博物館提供。

---

15 嗶嘰，英文 Serge，是一種薄的毛織品，密度較小且具斜紋。臺灣氣候炎熱，不需要棉質的衣服，穿嗶嘰材質的衣服比棉布材質的不易弄髒。冬天加個裡子，春秋雨季把裡子拿掉，一件就可穿用一年。來源：彭威翔，〈日治時期臺灣學校制服之研究〉（臺北：國立政治大學臺灣史研究所碩士論文，2009），頁104。

學生制服的取得，除了透過從商店購買成衣外，也可經由跟裁縫店家訂製，甚至在吳服店購買布料，由家長自行在家中縫製。「制帽」是指規定的帽子，而「學生帽」是規定學生穿戴的帽子，相對於學生們穿著的服裝指制服，學生帽也稱為制帽。所以全臺高等女學校學生都要穿著水手服搭配置「制帽」。 大正中葉以後，夏季開始出現麥稈質地的學生帽，高等女學校採用圓頂樣式的女帽做為學生制帽，材質隨季節有所差異。[16]

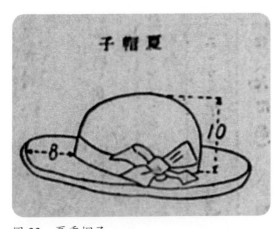

圖 23　夏季帽子
來源：〈學校生徒兒童ノ服裝統制二關スル
　　　——女子中等學校生徒制服仕樣書〉。

圖 24　學生配戴夏季帽子
來源：1943 年高雄高等女學校
　　　《卒業記念寫真帖》。

　　隨著中日戰爭爆發，總督府進一步發布了〈學校生徒兒童ノ服裝統制二關スル件〉，統一制定全臺中等學校的學生制服，說明中提到制定統一制服是受到戰事影響，朝向國防色和人造纖維化發展，希望能夠儲藏於民間，做為日後國防物資之用，統一制服也能減少學生轉

16　彭威翔，〈日治時期臺灣學校制服之研究〉，頁 136。

學時必須訂製新制服的浪費，減輕家裡經濟負擔，[17] 當時高雄高女為響應愛惜資源的國家政策，自 1939 年 9 月新學期開始，全面禁止穿皮鞋，改穿木屐上下學，[18] 連長襪也不用穿了。大戰期間，為了避免被空襲及火災事件所傷，政府大力推廣防空服裝，戰爭末期還規定婦女必須穿著褲裝，以便避難行動。戰時為了順應國策，學生帽過去的原料仰賴國外進口羅紗、布帛，後來戰爭加劇，改以大甲帽、林投帽來取代，帽子上的蝴蝶緞帶顏色依各校決定。

不管冬天或夏天，穿著高雄高女的制服，搭配高雄高女的徽章，總是可以讓學生產生對學校的「認同感」和「歸屬感」，對她們來說一方面穿著者接受管理的規訓，一方面也接受社會對此制服的期待，[19] 由於日本時代能念高等女學校的女性還是少數，穿著高雄高女的制服也是某種階級的表徵，所以可以想像，當時走在路上大家會投以羨慕的眼光，也更顯自己的「榮譽感」。

## ◎ 運動服

高雄高女在成立之初，除了制定學生制服外，也規定學生的體育服，體育服同樣是白色上衣搭配黑色的燈籠褲[20]，主要是在體育課或

---

17 彭威翔，〈日治時期臺灣學校制服之研究〉，頁 97。

18 〈下駄で登校　高雄高女で靴全廢〉，《臺灣日日新報》（1939 年 9 月 7 日），第 5 版。

19 鄭涵云，〈日治時期臺灣高等女學校的制服〉，《臺灣學通訊》，（94）（2016），頁 29。

20 1903 年美國留學歸國的井口あくり，將美國女學生穿著的燈籠褲引進日本，大正中期因關東大地震，所以洋服的便利性開始受到重視，後期女學生開始穿著燈籠褲為主要體育服。參考：彭威翔，〈日治時期臺灣學校制服之研究〉。

戶外勞動課時可以穿著，[21] 使活動更輕便，增加運動樂趣。

圖 25　排球課
來源：1937 年高雄高等女學校
　　　《卒業記念寫真帖》。

圖 26　戶外勞動課
來源：1939 高雄高等女學校年
　　　《卒業記念寫真帖》。

## ◎ 泳衣

　　日本時代高雄高女的泳衣
是連身式的，多為無袖樣式，但
沒有太多新穎的設計，以深色為
主，有些學生的泳衣上印有記
號，配戴橡膠製成的泳帽。

## ◎ 校歌

　　因為資料有限，目前可以找
到比較明確的校歌歷史，是 1943

圖 27　泳衣
來源：1942 年高雄高等女學校
　　　《卒業記念寫真帖》。

年高雄州立高雄第一高等女學校的時代所編寫，曲目由龜山相次校長
作詞，岩崎千藏老師[22] 作曲，曲風典雅柔美，歌曲的大意是：

---

21　高雄市立高雄女子高級中學，《斑城 80 之雄女事》（高雄：高雄市立高雄
　　女子高級中學，2005），頁 33。

22　岩崎千藏老師於 1940-1943 年任職高雄高女。

一、日益昌盛的大日本　　　二、日益繁榮的大高雄

　　在這南方的小島上　　　　　在這陰綠的校園裡

　　身為皇民的我們　　　　　　背負著下一個世代的我們

　　茁壯地成長　　　　　　　　齊聚一心

　　搖曳生姿　　　　　　　　　搖曳生姿

　　啊～這種喜悅　　　　　　　啊～這種快樂啊

圖 28　高雄第一高等女學校校歌
來源：1943 年高雄高等女學校《卒業記念寫真帖》。

　　值得一提的是，歌詞裡面的「御民とわれら」，跟現代日文裡面較常出現的「御民われら」看起來有點像，但是多了一個と意義完全不同，原本譯為應該是「身為天皇子民的我們」，但是多了と就是把天皇子民跟我們區隔開，天皇子民是天皇子民、我們是我們，我們臺灣人雖然不是天皇子民，但是也跟人家歌頌天皇盛世，學習成為天皇子民，當時這首歌詞內藏著這樣的日文意涵，代表其實高雄高女的學生，表面上對日本天皇俯首稱臣，私底下卻還是不免與日本內地的天皇子民被分開看待。

## ◎ 校訓

　　每所學校都有自己的精神，高雄高女為臺灣南部女子中等教育的重要機構，承擔著重要的時代使命。學校的校訓以「三綱領」為要，期待從高雄高女畢業後的學生，都能夠達成以下三點目標：

一、醇厚報謝，棄私明人倫。

二、勤敏淬礪，自啟進文明。

三、質實剛健，克己護國本。

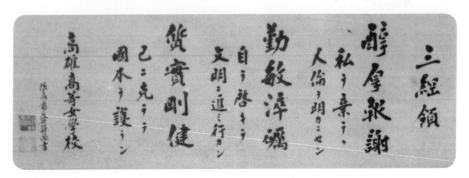

圖 29　高雄高女三綱領
來源：1943 年高雄高等女學校《卒業記念寫真帖》。

## 2-3　通學生與寄宿舍生活

　　高雄州轄有今高雄、屏東和澎湖，住高雄市區的女學生上、下學不是問題，當時鹽埕或哈瑪星是日本人主要居住的地區，上、放學可以自行走路或者由家長接送，但住市外、近郊的同學可以選擇通勤，但如果遠從其他地區前來就讀，學校附近就有提供寄宿舍給學生居住。

　　1932 年屏東高等女學校成立，在這之前，高雄高女為臺南以南唯一女子中等教育的重鎮，學生來源涵蓋今日的高雄、屏東地區。就通勤方面來說，分為本線通學生和溪州通學生，「本線」為縱貫鐵路，「溪州線」前身為鳳山支線，1912 年延伸至阿緱（今屏東市），1920 年延伸至潮州，改叫「潮州線」，而 1923 年潮州到溪州（今屏東縣南州鄉）完工，才稱為「溪州線」。

圖 30　本線通學生
來源：1937 年高雄高等女學校
　　　《卒業記念寫真帖》。

圖 31　溪州線通學生
來源：1937 年高雄高等女學校
　　　《卒業記念寫真帖》。

　　通勤的學生，每天搭火車到高雄火車站，再從火車站走到學校，在火車上不能與男學生並坐，女學生在最後一個車廂，男學生在最前頭的車廂，到站後，自動到規定的地點排好隊伍，在路隊長的領導

下，整齊地走向學校，要先進行打掃工作，接著升旗、做早操，然後才開始上課。[23]

當時 1924 年高雄高女剛成立，一開始先向民家借用空間充當學生宿舍，民家的地址位於高雄街高雄字哨船頭一八八番地，空間分配上在一樓的部分有儲藏室、洗衣場、浴室和其他空間；二樓的部分有茶水間及休息空間。根據〈高雄州立高雄高等女學校學則〉第二十八條規定：「住宿費用每月 30 錢，於規定日期內收取。」

隨著學級增加，學生人數也逐年增加，向民家借用住宿非長久之計，而且空間也開始逐漸不足，學校決定在第一小學校西南方，哨船頭二一七番地興建寄宿舍提供學生寄居。新宿舍什麼時間動工目前尚不清楚，可以確定的是 1925 年 4 月 25 日新築宿舍落成，隨即開始引移進住，不久更新增四間房間，於隔年 7 月 11 日新增房間完工，哨船頭的寄宿舍就可供更多學生寄宿。

寄宿舍土地番號原為「高雄字[24]哨船頭二一七番地」，根據鹽埕地政事務所提供的土地膽本顯示，1926 年 1 月湊町、新濱町和山下町獨立出來，26 日該地番變更為「湊町五丁目二十番地」，137 坪 7 合 4 勺，土地所有者為臺灣地所建物株式會社，後來因為苓雅寮蓋了新校舍和新的寄宿舍，全部寄宿生都移到苓雅寮居住，該筆土地於 1931 年 5 月 20 日出現在〈高雄州報〉第五百七十三號的公告事項上進行變賣。

---

23 〈憶往事之一：許杜舜英，日治時期第四屆校友〉。網址：http://163.32.57.16
/kghshistory/alumni-past.html#1。

24 「高雄」在 1920-1925 年之間是「大字」層級，大字是臺灣日本時代的行政區劃，當時轄區包括今天高雄市旗津區、鹽埕區兩區全部及鼓山區南端部分。

圖 32　高雄高女寄宿舍
來源：顏博政先生提供。
註：此明信片為山形屋書店發行，畫面中間為高雄高女的寄宿舍／學寮，左上
　　方是今鼓山渡輪站、魚市場一帶。

　　1927 年全部學生移至苓雅寮新校舍上課，1930 年 7 月 15 日前金
寄宿舍一棟竣工，7 月 22 日住宿生一部分移轉進住。1931 年 7 月 1
日寄宿舍新的一棟竣工，為了方便上下學，原本在湊町寄宿舍全部移
轉到新的寄宿舍居住。根據高雄州廳的統計資料，前金寄宿舍人數大
概都在二十幾人左右，日本內地人佔多數，臺灣本島人次之。

圖 33　高雄高女湊町寄宿舍地籍圖
來源：底圖由鹽埕地政事務所提供，作者改繪。

表 10　歷年寄宿舍學生數

| 寄宿舍學生數 | 內地人 | 本島人 | 計 |
|---|---|---|---|
| 1935 | 29 | 2 | 31 |
| 1936 | 25 | 4 | 29 |
| 1937 | 25 | 4 | 29 |
| 1938 | 24 | 3 | 27 |
| 1939 | 19 | 2 | 21 |
| 1940 | 18 | 1 | 19 |

來源：歷年《高雄州學事一覽》。

圖 34　寄宿舍
來源：1937 年高雄高等女學校
　　　《卒業記念寫真帖》。

圖 35　寄宿舍
來源：1938 年高雄高等女學校
　　　《卒業記念寫真帖》。

圖 36　寄宿舍庭園一景
來源：1938 年高雄高等女學校
　　　《卒業記念寫真帖》。

圖 37　寄宿舍
來源：1943 年高雄高等女學校
　　　《卒業記念寫真帖》。

　　寄宿生在宿舍中是學校團體生活的延伸，學生們和學校老師兼任的舍監生活在一起。舍監人數最少一個，最多曾經四位，擔任過舍監的老師有竹尾琴司、佐藤雪、宮坂琴司、宮下シヅ、關輝、小幡時子、野中松平、梅野一枝、小幡安子、西山ハナ、佐佐木贊、梅野政代、雲林院祥次、古井喜二郎等。

表 11　高雄高女舍監一覽表

| 西元 | 舍監 | | | |
|------|------|------|------|------|
| 1924 | 竹尾琴司 | | | |
| 1925 | 竹尾琴司 | 佐藤雪 | | |
| 1926 | 竹尾琴司 | 佐藤雪 | | |
| 1927 | 宮坂琴司 | 佐藤雪 | | |
| 1928 | 宮坂琴司 | 佐藤雪 | 宮下シヅ | |
| 1929 | 關輝 | 小幡時子 | | |
| 1930 | 關輝 | 小幡時子 | | |
| 1931 | 關輝 | 小幡時子 | 野中松平 | 梅野一枝 |
| 1932 | 關輝 | 梅野一枝 | 野中松平 | |
| 1933 | 關輝 | 梅野一枝 | 野中松平 | |
| 1934 | 關輝 | 梅野一枝 | | |
| 1935 | 小幡安子 | 西山ハナ | | |
| 1936 | 小幡安子 | 西山ハナ | 雲林院祥次 | |
| 1937 | 小幡安子 | 西山ハナ | 雲林院祥次 | |
| 1938 | 梅野政代 | 西山ハナ | 雲林院祥次 | |
| 1939 | 佐佐木贊 | 西山ハナ | 雲林院祥次 | |
| 1940 | 佐佐木贊 | 西山ハナ | 雲林院祥次 | |
| 1941 | 佐佐木贊 | 西山ハナ | 雲林院祥次 | |
| 1942 | 佐佐木贊 | 西山ハナ | 雲林院祥次 | |
| 1944 | 佐佐木贊 | 西山ハナ | 古井喜二郎 | |

來源：整理自中研院臺史所臺灣總督府職員錄系統。網址：http://who.ith.sinica.
edu.tw/mpView.action。

　　宿舍生活除了每天會一起念書、祭拜神宮大麻[25] 外，每日的三餐
要自己烹煮，煮完大家一起吃飯，宿舍內外環境的打掃與維護也是每
日必要工作。每天早上起床梳洗後，就會先簡單打掃環境，才到食堂
吃飯，自修一段時間才開始一天的課程，放學後先在澡堂梳洗，晚餐
後進行自修時間，宿舍生活每天整齊且規律。

圖 38　一起念書
來源：1935 年高雄高等女學校
　　　《卒業記念寫真帖》。

圖 39　一起祭拜神宮大麻
來源：1937 年高雄高等女學校
　　　《卒業記念寫真帖》。

圖 40　一起烹飪
來源：1937 年高雄高等女學校
　　　《卒業記念寫真帖》。

圖 41　一起用餐
來源：1935 年高雄高等女學校
　　　《卒業記念寫真帖》。

---

25　神宮大麻是以天照大神為祭神的伊勢神宮神符。

圖42　一起整理花園
來源：1935年高雄高等女學校
　　　《卒業記念寫真帖》。

圖43　一起打掃
來源：1942年高雄高等女學校
　　　《卒業記念寫真帖》。

圖44　一起升旗
來源：1939年高雄高等女學校《卒業記念寫真帖》。

不過宿舍生活也非千篇一律，為了
提高宿舍生活樂趣，也會進行一些娛樂調
適，比如慶生會或音樂會，甚至在每年畢
業典禮前，宿舍會有歡送畢業學姐的同樂
會，如 1942 年《卒業記念寫真帖》裡記載
歡送同樂會的流程如下：

1. 開會的祝辭──三年級生

2. 感恩的謝辭──四年級生

3. 校長先生的御訓語

4. 校歌齊唱

5. 餘興節目表演

6. 福引（ふくびき）

7. 寮歌齊唱

8. 閉會謝辭

其中餘興節目的表演，有人扮演日本
藝妓，有人女扮男裝，通常都會逗得大家
開懷大笑。「福引」類似「有獎抽籤」，把
金錢和物品掛在繩子上供人抽籤，往往這
個活動就會把同樂會帶到最高潮，結束前
大家一起合唱宿舍的「寮歌」，為同樂會
劃下美好的句點。

圖 45　餘興節目
來源：1938 年高雄高等女學校
　　　《卒業記念寫真帖》。

圖 46　餘興節目
來源：1942 年高雄高等女學校
　　　《卒業記念寫真帖》。

圖47　高雄第一高等女學校寮歌
來源：1943高雄高等女學校《卒業記念寫真帖》。

　　這些活動除了可以促進住宿生的感情，也可以減少遊子思鄉的情懷，更可以達成陶冶日本國民精神和移風易俗的作用。[26] 雖然是大家住在一起的團體生活，每天嚴格的起居，規律的作息，但因為彼此都是遠離家鄉到他地求學，生活上彼此有需要就要互相幫忙，學生年華的寄宿生活單純而快樂，這些寄宿的點滴後來都成為畢業校友美好的回憶。

---

26　游鑑明，〈日據時期臺灣的女子教育〉，頁177。

# 3. 南國「綠建築」——校園景觀與校舍發展 [1]

　　「近代學校」最大特色即是集體教學，為因應此需要，學校設施的空間配置就要經過特別設計。[2] **學校對學生的影響，不只是靠教室上課以及教科書知識或價值觀的傳遞，整個學校環境、教室布置、學校行事、課外活動的設計等，都對學生有很大的影響，其影響力絕對不小於教科書。**

　　校園中重要的建築物和歷史故事，很容易成為校友們或整座城市的精神原鄉。[3] 為了釐清日本時代高雄高女校園內校舍發展和分布概況，以美國加州大學柏克來分校典藏一批 1944-1945 年高雄地區的航空照片作為底圖，這批航空照片是當時二戰美軍轟炸臺灣前或轟炸期間所拍攝的地景實照，這些照片剛好就記錄了大戰前的地景變遷，是歷史地理中很重要的「地景分水嶺」照片，從中可以看出高雄高女在 1924 年創立，經過日本政府與學校主事者的設計與安排，直到戰前 1945 年幾近二十年校園空間的經營與規劃。

　　高雄高女 1926 年 3 月選定苓雅寮前金三番地設置新校地，根據〈臺灣公立高等女學校規則〉：「高等女學校規模取決於校地的狀況，但校舍、體操場、校具、學生宿舍及職員宿舍需具備之，農業實習園亦須於校地內予以適當的配置。」

---

1　本章部分內容刊登於許聖迪，〈老照片看地景——日本時代高雄州立高雄高等女學校的校園景觀〉，《高雄文獻》，2（4）（2012），頁 145-153。

2　許佩賢，《殖民地臺灣的近代學校》（臺北：遠流，2005），頁 13。

3　凌宗魁，〈國立臺中第一高級中學老紅樓建築評析〉，《臺灣博物季刊》，117：32（1）（2013），頁 52。

　　高雄高女校園腹地不大，校園內的建築與設備可以可分為：A. 校門、B. 前庭、C. 南主棟教室、D. 雨天體操場／講堂、E. 游泳池、F. 操場與國旗揭揚臺[4]、G. 作法室、H. 農業實習園和 I. 工作室。

圖 48　高雄高女 1944-1945 年航空照片
資料來源：中央研究院人社中心地理資訊科學研究專題中心提供。

---

4　國旗揭揚臺即類似今日旗竿座，為忠於原文，以下全稱為國旗揭揚臺。

表12　高雄高女主要空間與建築物

| | 校庭 | 完工時間 | 備註 |
|---|---|---|---|
| A | 門前景觀與校門 | 1927 年 3 月 25 日 | 人車分流的規劃，以樹為籬的設計。 |
| B | 前庭 | 1927 年 3 月 25 日 | 種有多樣的熱帶景觀植物。 |
| C | 南主棟教室 | 1927 年 3 月 25 日 | 西側先完工，1928 年東側擴建完工。 |
| D | 雨天體操場／講堂 | 1927 年 3 月 25 日 | 兼任雨天體操場和集會活動等多功能使用。 |
| E | 游泳池 | 1933 年 5 月 1 日 | 南側看臺，包含更衣室和便所。 |
| F | 操場與國旗揭揚臺 | 1927 年 3 月 25 日 | 操場東側有排球場。 |
| G | 作法室 | 1936 年 3 月 16 日 | 提供學生學習婦德的場所。 |
| H | 農業實習園 | 未知 | 位於校園東側。 |
| I | 作業教室／工作室 | 未知 | 供各種作業課程使用。 |

資料來源：筆者整理。

## 3-1　校園前景

◎ 門前景觀與校門（A）

　　學校門前為東西向的第五號道路，道路預計 30 公尺寬，舖面為碎石子，採英國制靠左行駛，設計為三線道，道路兩旁立有電線杆等基礎設施，此路大概於 1939 年後才由高雄高女開通到高雄商業學校

之間。[5] 道路中間雙向每隔固定距離種植椰子樹為行道樹,當時候日本政府籍由市區改正與計畫道路的舖設,在全臺主要城市的幹道有計畫地栽種行道樹,樹種栽植考量臺灣常受到颱風侵襲,椰子科植物都可強耐風害,也利於在絕大部分的高溫地區。椰子樹並非臺灣的原生種,而日人將椰子樹視為熱帶風情與臺灣連結不可或缺的符號,在高雄種植椰子樹,更能夠散發出身為「南國」的重要表徵[6]。根據老照片顯示,學校門前有一條道路往南延伸,穿越今國軍英雄館,不過後來在各類地圖中都找不到此路,如何消失目前不得而知。

　　第五號道路在大門東側主要走向為東北東-西南西走向,到學校門前轉為東西走向,過明治橋(今五福橋)後又小幅度地為轉為西北西-東西東走向。學校門前的「第五號道路」,加上之前校地北側的道路設計,讓高雄高女的校園腹地剛好就落這個三角的交叉地帶,學校校地發展呈現多畸角的「本壘包」造型。1931年高雄州廳在前金新落成,高雄高女就位在州廳的南廂,可見高雄川以東是為日本統治臺灣中後期高雄城市發展的重點區域,現代化的城市設施建置也可以重新規劃,除了高雄高女大門前配置主要幹道「第五號道路」(今五福路)外,1932年〈高雄水道市內配水幹線支線增設計畫圖〉中,也預計在學校門前配置十二吋的水管,以供高雄川左岸新興市街使用。

---

5　1939年9月30日《臺灣日日新報》日刊:「高雄商業學校的學生每天下午放學後,大家手拿鐵鍬,從高雄高女前開始挖路。這條路是高雄商業學校通往高雄高女的道路,寬約十五米。第一學期開始,就進行此勞動活動。為了能在今年完成此通路,全體教職員、學生團結一致努力挖路。」

6　周湘雲,〈日治時期臺灣熱帶景象之形塑——以椰子樹為中心的研究〉(新竹:國立清華大學歷史研究所碩士論文,2009),頁67。

圖 49　高雄高女門前景觀
來源：1937 年高雄高等女學校《卒業記念寫真帖》。

圖 50　學校門前一景
來源：顏博政提供。

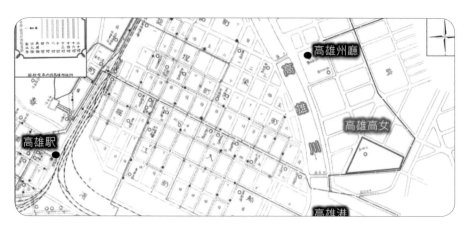

圖 51 1932 年鹽埕一帶地圖
註：底圖為 1932 年〈高雄水道市內配給水幹支線增設計畫圖〉。

圖 52 校門人車分道
來源：顏博政提供。

學校大門前有一條直通苓雅寮的大馬路，約是現今國軍英雄館正門位置作一直線連接到今永平路，略與今五福三路 147 巷平行，此大馬路兩側為農田景觀。校門圍牆不高，分為主門與兩側小門，主門為古典門柱，小巧而不失莊重，離主門不遠處留有車門與車道，當時日本時代 1912 年引進了臺灣第一臺自動車，1918 年後自動車數量開始增加，紀錄上 1920 年高雄州開始有自動車，[7] 1924 年共有 10 臺顯見自動車尚未普及，大正時代之前的高雄市區計畫，並無寬闊的道路設計，可能主要與當時還不普及的汽車持有率有關，到昭和時代以後，已可確定汽車是未來都市的交通工具，但校門的設計卻早已做好人車分流的安排，可見當時學校主事者的校園空間規劃與想像是非常有遠見的。

大門周邊的圍牆以低矮的灌木叢編成樹籬笆，成排的樹籬笆不會阻礙由外往內觀看的視線，又可以達到分隔校園內外空間，呼應這幾年教育部推行「打開校園、破除圍牆」的教育政策，可見當時高雄高女的學校「綠圍牆」正是現今推廣「綠建築」最好的實踐。不過主門在戰後 1949 年高雄港眾利輪爆炸受損，門房與圍牆幾經重修，1974 年更拆除重新改建新校門，原始日本時代校門終不復見。

## ◎ 前庭（B）

日本統治臺灣時引進現代化生活，庭園造景的概念也已引進建築規劃內。進入大門後有一圓環，圓環以水泥飾帶環繞，庭園裡種有龍柏、垂榕、小葉南洋杉、大王椰子等熱帶植物，庭園中也有碎石子舖路，可悠閒走在其中。大門西側有一木造傳達室，提供管理學校進出人員的房門使用。

---

7　沈方茹，〈臺北市公共巴士之發展（1912-1945 年）〉（桃園：國立中央大學歷史研究所碩士論文，2003）。

圖53　前庭景致（照片由西往東拍攝）
來源：1938年高雄高等女學校《卒業記念寫真帖》。

## 3-2　靜態教學教室

### ◎ 南主棟教室（C）

　　南主棟教室為創校初期最重要的一棟建築物，除了兩側提供教室使用外，也是行政中心和各處室所在。南主棟教室西半側於1926年9月30日地鎮祭完後開工，為了趕上新學期可開始使用校舍，於是火速進行工程，全棟為煉瓦的二樓紅磚建築，兼顧實用和牢固，這是由高雄州地方技師「和田真」和其他六位技師，花了四年的時間先後到日本內地各個學校去考察，仔細研究其校舍建築，取其優點來完成高雄高女的校舍設計。

圖 54　西半側剛完工
來源：顏博政先生提供。

　　第一期校舍有一紅磚造廁所（14 坪）、一紅磚造職工室（12 坪）、
迴廊及茶水間（28 坪）和南主棟教室，教室總共 441 坪，費用 5 萬
6,963 圓 78 錢、公家水泥費 6,819 圓 70 錢、公共水費 906 圓、電燈
裝設費 450 圓 1 錢、監造費 3,365 圓 28 錢。[8] 1926 年 10 月初設計圖
定案，10 月 25 日透過競標，由高雄市鈴木達雄為主的川上組 [9] 得標，
並承包施作工程。[10] 1927 年 1 月 25 日完成第一期工程，南主棟的西

---

8　高雄州內務部地方課，〈高雄高等女學校々舍新築落成式〉，《高雄時報》
　　（1927）。

9　川上組主要從事建築業，鈴木達雄為負責人，會社地點在入船町，電話
　　五五一番。文獻上川上組承辦高雄商銀支店的新築工事。

10　〈高雄高女校新築落成〉，《臺灣日日新報》日刊（1927 年 3 月 16 日），第 4
　　版。

半側率先完工，4 月 1 日開始供新學生使用。主棟建築構造堅固，建物配置採光面大。南主棟教室遂設計座北朝南，考量高雄位在北回歸線以南，全境屬熱帶季風氣候，如此才符合臺灣南部溼熱的氣候環境，直線式的校舍有利於空氣流通和人員疏散。[11]

　　1928 年擴建南主棟教室的東側部分，原則上讓主棟教室呈現東西對稱，不過考量日後教室使用的彈性與可延伸性，在東側末端往北突出，增加成 L 型。主棟前排一樓入口空間量體抬高並突出於兩翼側體建築，屋頂以「半切妻」式，即西洋建築但使用切角頂。1923 年日本發生關東大地震，影響後來的建築開始普遍使用鋼筋混凝土為建材，高雄高女的南主棟建築也使鋼筋混凝土，強調安全性的保護。

　　整棟的建築語彙清新典雅，主體立面有四大對柱，屋基柱礎加厚，以相當厚度的仿石材做為柱角基座，呈現威嚴厚重的美感。屋身開口以中段以左右對稱的推拉窗，窗頂有水泥飾帶裝飾，進入建築的正門周邊有三角幾何圖形裝飾頗具巧思，線條明快簡潔，前有平臺作為雨庇，整體立面呈現樸素典雅的新古典主義，但秩序整然、風格調和也備有初期現代主義的理想，省略太多累贅的裝飾，也多強調垂直和水平的線條為主，如果建築物以單純的設計減少複雜的語彙使用，更能達到培育學生品行的精神象徵。[12]

---

11　廖珠岑，〈臺灣日治時期中學校講堂初探──以校園空間計畫及儀式活動為主的論述〉（臺南：國立成功大學建築學系碩博士班碩士論文，2004），頁3-25。

12　凌宗魁，〈國立臺中第一高級中學老紅樓建築評析〉，頁 59。

圖 55　南主棟教室戰後一景
來源：戰後畢業紀念冊。

　　主棟一樓進入後為一門廳，此處為行政中心所在，左右兩側包含校長室、事務室，校長室裡頭擺設講究，窗簾為薄絲材質，辦公桌靠窗，自然引進天然陽光入屋內，室內有長型會議桌一張附數張素雅座椅，以及圓型討論桌一只與五張造型典雅的方椅，牆上掛有畫作與神龕等。

圖 56　校長室一景
來源：1938 年高雄高等女學校
　　　《卒業記念寫真帖》。

圖 57　校長室一景
來源：1942 年高雄高等女學校
　　　《卒業記念寫真帖》。

　　空間配置方面，東、西兩翼側體建築為普通與特殊教室使用，每間教室北面開有四窗，南側東、西邊各有一門，兩門中間夾兩窗，普通教室教室內坐椅排列，最北與最南的靠窗側只有單排，中間為併排座位，總共有六列，足以容納一班約 50 位同學，特殊教室則有另外安排。教室南邊有走廊，每間教室配置三外廊柱接鄰庭園，主棟建築的最東、西兩側建築收尾前為一往南凸出的側棟，搭配最邊間的空間成為大跨距的教室。據戰後的職工劉恕恕女士回憶（2014 年 11 月 7 日雄女九十週年日籍校友返校訪談），二樓最西側空間戰後曾作為圖書館藏書使用。兩側翼的建築空間為各類教室與儀器室使用，是典型的對稱空間，如此位在中央的管理者便於掌控全局的典型配置。

　　建築物為了要提供舒適的使用環境，基本上都會將基地的自然環境特性納入設計考量。高雄位在回歸線以南，環境炎熱且潮溼，為了改善這樣的環境物理條件，「廊道」的設計就順勢產生。考量日照角

圖 58　南邊的窗廊
來源：1943 年高雄高等女學校
　　　《卒業記念寫真帖》。

圖 59　走廊
來源：1935 年高雄高等女學校
　　　《卒業記念寫真帖》。

度，主棟一、二樓只有南面設有走廊，為了就是不讓陽光產生的熱能直接進入到教室內，造成屋內悶熱，但又可加強通風，顯示設計者充分考量高雄地方風土條件的適當安排。

一樓川堂往北連接操場，距離校門入口最近的建築中央量體是配置教師辦公室所在，穿越中軸就可以展望操場，在古典中軸對稱的設計下，對於向東西兩翼延伸的教室也能進行有效管理。主棟北側在川堂的操場面為拱門造型，多層次飾帶圍拱著出口，拱中設有時鐘，校鐘就掛在門廊外的西側，方便學生可以隨時注意時間，可從學校環境布置看到要求學生養成守時的觀念。

圖 60　玄關川堂（由北往南拍攝）
來源：1937 年高雄高等女學校
　　　《卒業記念寫真帖》。

值得一提的是，戰後班級與學生人數增加，校舍不敷使用，南主棟教室於 1982 年開工拆除隔年改建四層樓的新大樓，於日本時代興建的校舍歷經五十餘年的使用，抵擋住無數次的地震與風摧殘仍堅毅不搖，相較後來 1984 年完工新行政大樓，使用不到四十年，於 2016 年因耐震係數不足，需要進行整體結構補強，暑假開始全校師生移至中山國小舊址上課（今左營區雄峰路），2017 年 4 月部分完工後才再遷回五福路校區上課，可見兩個不同時代所構築的建物在施工品質上有很大的差距。

## 3-3　動態活動空間

### ◎ 雨天體操場／體育館／講堂（D）

「雨天體操場」類
似今日的體育館，後來
發現其功能也可以是講
堂，特別是在校地面積
不大的高雄高女。雨天
體操場位在校園西側，
跟南側主棟建築同屬第
一期工程，所以是同
年（1927）完工，位置
座落在游泳池與第一排
教室之間，全為木造建

圖 61　戰前雨天體操場／講堂實照
來源：1935 年高雄高等女學校《卒業記念寫真帖》。

築，總共一百二十坪，[13] 南北兩面的東西兩端各有一大門、四開窗，
東面有兩開窗，西面有兩大不透光的開窗。屋頂的屋脊有換氣高塔，
其功能是可將室內熱氣排出室外，大規模集會時也不用擔心室內空氣
品質不好，以達舒適的學習環境。[14]

1917 年〈學校建築に關する注意條項に關する件〉中規定：「講堂
屬於校地內特殊的建築運用，當室內體操場受到校地面積限制而不能
興建時，應與講堂合併使用。」因此在校地面積不足的情況之下，雨天

---

13　〈高雄高女校新築落成〉，《臺灣日日新報》日刊（1927 年 3 月 16 日），第 4 版。
14　廖珠岑，〈臺灣日治時期中學校講堂初探——以校園空間計畫及儀式活動為
　　主的論述〉，頁 3-47。

圖 62　講臺平面圖
來源：1937 年高雄高等女學校《卒業記念寫真帖》。

圖 63　表演一景
來源：1937 年高雄高等女學校
　　　《卒業記念寫真帖》。

圖 64　畢業典禮一景
來源：1938 年高雄高等女學校
　　　《卒業記念寫真帖》。

體操場就與講堂兩者合併使用。[15] 內部空間分為講臺和集合場，講臺在室內西側，邊側放有鋼琴。學校為了提升講堂的使用率，使講堂的

---

15　但是在原則上講堂與室內體操場最好是分別設置，因為兩個空間使用性質的差異，前者因學校行政及節日所形成的集會行為比較是靜態活動，而運動等行為則為動態活動，要將這一靜一動不同的活動納在同一空間當中，在建築計畫上實非一個好的規劃。來源：廖珠岑，〈臺灣日治時期中學校講堂初探──以校園空間計畫及儀式活動為主的論述〉，頁 3-59。

機能不再是靜態的集會空間，除了雨天可當室內體操場使用外，每年定期舉辦的學藝會、音樂會、畢業典禮等大型活動也都會在這裡進行。

　　高雄高女學生練習薙刀場地也在此，不過從照片中看得出來，講堂只有北、南側各有兩道門，東側沒有門只有四片大窗，但戰後卻出現一大門與兩大窗，窗櫺的樣式與戰前的不一樣，推測講堂應在戰後有進行重修或改建。

圖 65　講堂東側窗戶與東北側門窗的位置與形式
來源：1938 年高雄高等女學校《卒業記念寫真帖》。

圖 66　戰後講堂東側形式（照片由東往西拍攝）
來源：戰後畢業記念冊。

## ◎ 游泳池（E）

　　為了配合游泳課的實施，游泳池於 1933 年 5 月 1 日完工，[16] 周圍護岸高約 2 公尺，矮圍牆內有看臺座，泳池南側有一平臺，可當舉辦活動用的看臺，看臺底部設有更衣室，西北側另有一鐵製跳水臺。泳池內有 6 個水道，水道編號由東西至遞增排列，第五跟六水道南側有一廁所。5 月 22 日新游泳池開始使用，舉辦為期兩個禮拜的游泳講習會，講師是臺灣體育協會游泳部的藤本幹事，講習結束後，開始讓學生使用游泳池。[17] 「自己的泳池自己掃」，游池平日靠學生辛勤維護，特別安排「泳池清潔之日」，而除了供學生上游泳課使用之外，也會定期舉辦水泳會、趣味競賽等活動。

圖 68　泳池清潔之日
來源：1938 年高雄高等女學校《卒業記念寫真帖》。

圖 67　游泳池一景（由西北往東南方面拍攝）
來源：1937 年高雄高等女學校《卒業記念寫真帖》。

---

16　高雄中學校的游泳池落成於 1933 年 6 月 17 日，高雄高女游泳池較早落成。
17　〈高雄高女　水泳講習會〉，《臺灣日日新報》日刊（1933 年 5 月 23 日），第 3 版。

## ◎ 操場與國旗揭揚臺（F）

　　操場是體育／體操課的授課空間，也是學校大型活動的集合場，更是舉辦運動會和體育賽事的重要場地，所以基本上每所學校都會有自己的操場。

圖 69　運動會學生在操場作體操
來源：1937 年高雄高等女學校《卒業記念寫真帖》。

　　高雄高女校園內的操場設置在南主棟建築的北側，位在校園空間的中心。操場的設置應該晚於南主棟教室，根據 1930 年文獻資料顯示：

　　高雄高女是由水泥所新建的校舍，遠遠望去群山環抱，百花
　　齊放。和三年前的景色完全不同，當時一切尚未開發，如今
　　有兩百公尺左右跑道的操場，學生忙碌地走來走去，高年級
　　學生在爽朗的笑聲中進行體能訓練，預定明年到臺北參加陸
　　上競技比賽。[18]

---

18 〈我國最南端の　高雄中學と高雄高女〉，《臺灣日日新報》日刊（1930 年 1
　　月 16 日），第 8 版。

推測 1927 年南主棟教室完工後，操場與跑道約略晚幾年才興建完成。跑道一圈 200 公尺，長軸為南北向，國旗揭揚臺平常設在操場北側，西側有一長條延伸道，類似閱兵的行進道，可供行列式檢閱使用。操場除平時體育課程使用之外，體操活動、防災演練或運動會表演等也都在操場實施，如遇舉辦運動會時，會將國旗揭揚臺移至操場西側。

有趣的是，從南主棟教室通過玄關往北進到操場前，植有三顆椰子樹。椰子樹具有女性美的意象，[19] 還夾帶著浪漫的南國風情，高雄高女的校園在特別重要的空間中種植椰子樹，可見學校主事者希望以「熱帶」的形式打造校園，為日本帝國的南延領土與滿足其南國想像。學校門前行道樹是椰子，校園內也種椰

圖 70　操場南側椰子樹一景
來源：　1935 年高雄高等女學校
　　　　《卒業記念寫真帖》。

子樹，透過椰子樹的栽種，所塑造出來的其實是一種不自然的自然景觀，臺灣不僅被當作是一個「熱帶化」的殖民地，也成為日本對臺灣殖民科學化成果下的景觀。

---

19　蔣竹山，《島嶼浮世繪：日治臺灣的大眾生活》（臺北：蔚藍文化，2006），頁 139。

## 3-4  藝態實踐場域

### ◎ 作法室（G）

日本時代臺灣高等女學校如同於日本內地對於高等女學校教學目的的要求，在 1919 年頒布的〈臺灣公立高等女學校規則〉規定：

> 依據教育勅語的旨趣，在思想情操道德上，養成日常生活言行舉止符合我國國民道德基本禮儀的特質，進而成為社會中等以上具賢慧、勤儉、慈愛之良好習慣的女子。

為了要培養「賢慧之良好習慣的女子」，課程上需安排「修身」教學，授課內容包含坐姿、站立、茶道、用餐等各種禮儀，主要是利用對學生日常生活道德要領及各種日式、西洋／洋式化式禮儀的教導，使學生養成具備日本傳統道德的女子，[20] 而教導這些禮儀課程的教室，以及讓學生可以實際操作練習的空間便是「作法室」。

高雄高女的作法室於 1936 年 3 月 16 日完工，座落在操場東側，座北朝南，重簷式屋頂，是座典型的日式建築，外牆覆蓋雨淋板，非常適合高雄的熱帶濕潤氣候。進門後的室內空間以日式客廳（座敷）為中心，以日式榻榻米地坪舖設，牆上有一日本國旗，要求學生時時不忘效忠日本天皇。因學校校地有限，校舍不多，此作法室也兼作琴房使用，彈琴課就是在此上課。可能因日式建築典雅美觀，作法室戰後成為校長宿舍。

---

20  蘇信宇，〈臺灣日治時期中學校與高等女學校建築之研究〉（臺南：國立成功大學建築學系碩士論文，2001），頁 3-30。

圖 71　作法室一景
來源：1937 年高雄高等女學校《卒業記念寫真帖》。

圖 72　茶道課
來源：1938 年高雄高等女學校
　　　《卒業記念寫真帖》。

圖 73　操琴課
來源：1937 年高雄高等女學校
　　　《卒業記念寫真帖》。

## ◎ 農業實習園（H）

　　作法室南側和學校東側為農業實習園，供園藝課程與學習種植農作物使用。實習園的配置會位在校園內較不重要之空地，偏離上課校舍的主要區域，但也可能是未來校舍發展的預定地，從 1933 年〈高雄市區改正圖〉中看到，校地東側為「綠地」使用，該綠地就是農業實習園，也成為戰後高雄高女校地往東擴張預定地。

圖 74　農業實習園
來源：1935 年高雄高等女學校《卒業記念寫真帖》。

圖 75　高雄高女綠地示意圖
註：底圖為 1933 年〈高雄市區改正圖〉，筆者改繪。

## ◎ 作業教室／工作室（1）

　　作業教室位於作室的北側，1938 年 2 月 3 日作業教室與堆肥舍竣工，全為半切妻式屋頂，門窗尺寸都很大，代表可引進充分的光線供教室使用，據戰後校園地圖顯示與戰後學校職工劉恕恕女士回憶（2014 年 11 月 7 日雄女九十週年日籍校友返校訪談），作業教室共有四間，長軸為東西向，依序往北排列。

圖 76　作業教室／工作室
來源：1938 年高雄高等女學校《卒業記念寫真帖》。

## ◎ 給品部

　　給品部類似今日的福利社或合作社，販賣文具用品為主，如セキセイ鉛筆或紙張等。販賣的人員會有同學協助，類似今日工讀生的角色。目前尚未有明確資料顯示給品部位在校園的何處。

圖 77　營業一景
來源：1938 年高雄高等女學校
　　　《卒業記念寫真帖》。

圖 78　員工生合照
來源：1939 年高雄高等女學校
　　　《卒業記念寫真帖》。

# 4. 師說──傳道、授業、解惑

　　日本時代的臺灣，在學校任教的教師均歸類於文官官吏，文官委任或以下是先通過國家考試、取得資格，然後再依照年資經歷給予不同的位階與待遇。1886 年日本文部省頒布〈尋常師範學校、尋常中學校及高等女學校教員免許規則〉，明訂非高等師範學校畢業而欲取得教師證者，需經文部部省檢定合格，始得擔任高等女學校教師，後來統治臺灣後，臺灣本島的教師任用大致比照日本內地。

## 4-1　學校教職員

　　學校的教職員分為：校長、教諭、囑託、雇、及書記。「校長」為一學校之大家長，統管全校校務；「教諭」的工作是以學生的教學掌理為主；代用教師稱為「囑託」，以日籍教師為主，臨時的臺籍教師則稱為「雇」（雇員），囑託和雇員兩者都是用來補充不足的師資，所以兩者不具官階的職位；「書記」承接上級命令處理庶務、會計等職務，或聽從校長的指揮從事庶務工作。

　　高雄高女於 1924 年創立，先委由高雄州廳的長官名和仁一暫代校長一職，該年 8 月由本田喜八先生擔任校長一職，其他歷任校長與其任職如下：

表 13 高雄高女歷屆校長

| 姓名 | 任職高雄高女年代 | 經歷 |
|---|---|---|
| 名和仁一 | 1924 | * 1922 年內務局學務課屬、編修課編修官。<br>* 1923 年教科書調查委員會委員。<br>* 1924 年文官普通懲戒委員會高雄州委、高雄州內務部教育課理事官。<br>* 1924 年高雄高等女學校代理校長。<br>* 1925-1926 年高雄州內務部教育課理事官、文官普通懲戒委員會高雄州委員。<br>* 1927-1928 年臺北州內務部地方課。<br>* 1929 年臺北州內務部勸業課。<br>* 1930-1931 年臺中州臺中市尹。<br>* 1932 年總督官房會計課、財務局稅務課、訴願審查會。 |
| 本田喜八 | 1924-1937 | * 1884 年 12 月 13 日出生於熊本縣飽託郡芳野村。<br>* 1907 年 3 月 31 日畢業於東京高等學校本科地理歷史部。<br>* 1922-1924 年臺南州臺南第一高等女學校教諭。<br>* 1924-1937 年高雄高等女學校校長。<br>* 1937-1940 年高雄中學校校長。 |
| 龜山相次 | 1937-1941 | * 1894 年 7 月 25 日出生於岡山縣上窮郡高梁町。<br>* 1917 年 3 月 26 日畢業於東京高等師範學校國語漢學部。<br>* 1929 年 4 月 28 日抵達臺灣。<br>* 1929-1933 年新竹高等女學校教諭。<br>* 1935-1937 年臺北第二高等女學校教諭。<br>* 1937-1941 年高雄高等女學校校長。<br>* 1941-1944 年彰化高等女學校校長。 |

（續上頁）

| 姓名 | 任職高雄高女年代 | 經歷 |
|---|---|---|
| 小川七十二 | 1941-1944 | ＊1897 年 11 月 28 日出生於靜岡縣田方郡。<br>＊1918 年 3 月 25 日畢業於臺灣總督府國語學校公師範部甲科。同年任臺北廳加納公學校教諭。<br>＊1919 年 7 月 5 日現役兵臺灣步兵第一聯隊第二中隊入營，為期六週，8 月 14 服役期滿。8 月 20 日復職，臺北廳大安公學校勤務命。<br>＊1921 年 4 月 11 日廣島高等師範學校第三部入學。<br>＊1925 年 3 月 7 日畢業於廣島高等師範學校文科第三部。執師範學校、中學校、高等女學校修身、教育、歷史、法制經濟科教員免許狀，同年任臺中州彰化高等女學校勤務命。<br>＊1925 年 4 月 2 日渡臺。<br>＊1926 年彰化高等女學校教諭。<br>＊1927-1930 年臺北第一師範學校教諭。<br>＊1930 年 4 月 16 日廣島文理科大學國史科入學。<br>＊1933 年 3 月 7 日畢業於廣島文理科大學國史科，補臺北第二師範學校教諭。5 月 25 日著臺。<br>＊1933-1938 年臺北第二師範學校教諭。<br>＊1938-1941 年臺南州內務部教育課地方視學官。<br>＊1941-1944 年高雄高等女學校校長。 |
| 岩本義烈 | 1944 | ＊1897 年 3 月 6 日出生於長野縣諏訪郡湖南村。<br>＊1924 年 3 月 1 日畢業於東京高等師範學校文科二部。<br>＊1924-1925 年臺中州立臺中第二中學校教諭。<br>＊1924-1937 年臺中州立臺中高等女學校教諭。<br>＊1938-1942 年高雄州立高雄高等女學校教諭。<br>＊1943-1944 年高雄州立高雄第一高等女學校教諭。<br>＊1944 年高雄高等女學校校長。 |

來源：整理自中研院臺史所臺灣總督府職員錄系統。網址：http://who.ith.sinica.
　　edu.tw/mpView.action。照片取自高雄女中校史室。

註：1943 年資料不齊。

　　1924 年創校第一年，有教諭 3 人、囑託 3 人、雇員 1 人及書記 1 人，這群「開朝元老」是：教諭——雲林院祥次、竹尾琴司和內山軍吉；囑託——佐藤佐一、杉山常次郎和松平定信；中村市藏為雇員；書記為坂田惠之助，其中竹尾琴司兼任宿舍的舍監。後來隨著學校規模日漸擴大，學校的教職員編制也隨之擴大，至 1927 年教師陣容就已經大制抵定，之後每年平均在 20 名員額左右，1938 年後教師總額增加，紀錄上甚至到 1942 年共有 30 位教職員在校任職。

　　經統計日本時代曾在高雄高女的教職員（含校長），共有 104 人次，日本時代結束前，高雄高女 1924-1945 年約 21 年的日本校史中，任職 20 年以上的教職員只有「雲林院祥次」老師 1 人；10 年以上的教職員計有：古井喜二郎、坂田惠之助、無敵鶴子、佐佐木賛、海老名昭二郎、小豆澤利之助、本田喜八、楊水波、藤島見了、坂上一郎、關輝、關口定吉等 12 人。

　　歷任教職員工當中，「雲林院祥次」先生任職最久，雲林院祥次先生籍貫在滋賀，1922 年在高雄第一尋常高等小學校任職，1924 年轉任高雄高女，教授修身和地理科，直到戰前（1944 年）都是高雄高女教員，總計任教了 21 年，其不僅是高雄高女創校時期的「開朝元老」，也是日本時代教職員工中唯一超過 20 年以上的服務經歷，足以稱之為「日本時代高雄高女最資深的教職員工」。

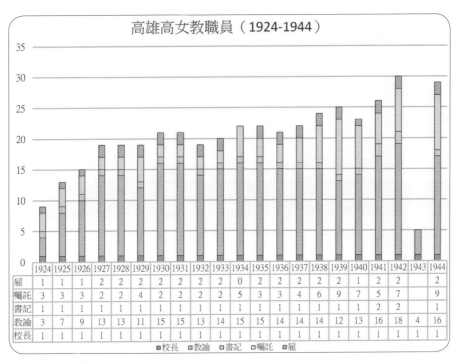

**高雄高女教職員（1924-1944）**

|  | 1924 | 1925 | 1926 | 1927 | 1928 | 1929 | 1930 | 1931 | 1932 | 1933 | 1934 | 1935 | 1936 | 1937 | 1938 | 1939 | 1940 | 1941 | 1942 | 1943 | 1944 |
|---|---|---|---|---|---|---|---|---|---|---|---|---|---|---|---|---|---|---|---|---|---|
| 雇 | 1 | 1 | 1 | 2 | 2 | 2 | 2 | 2 | 2 | 2 | 0 | 2 | 2 | 2 | 2 | 2 | 1 | 2 | 2 |  | 2 |
| 囑託 | 3 | 3 | 3 | 2 | 2 | 4 | 2 | 2 | 2 | 2 | 5 | 3 | 3 | 4 | 6 | 9 | 7 | 5 | 7 |  | 9 |
| 書記 | 1 | 1 | 1 | 1 | 1 | 1 | 1 | 1 | 1 | 1 | 1 | 1 | 1 | 1 | 1 | 1 | 1 | 2 | 2 |  | 1 |
| 教諭 | 3 | 7 | 9 | 13 | 13 | 11 | 15 | 15 | 13 | 14 | 15 | 15 | 14 | 14 | 14 | 12 | 13 | 16 | 18 | 4 | 16 |
| 校長 | 1 | 1 | 1 | 1 | 1 | 1 | 1 | 1 | 1 | 1 | 1 | 1 | 1 | 1 | 1 | 1 | 1 | 1 | 1 | 1 | 1 |

■校長 ■教諭 □書記 □囑託 ■雇

圖 79　高雄高女教職員（1924-1944）

來源：整理自中研院臺史所臺灣總督府職員錄系統。網址：http://who.ith.sinica.
　　　edu.tw/mpView.action。

註：1943 年原稿資料不齊。

　　全校師資結構幾乎都是日本籍教師，若是縣級層次，以熊本縣
11 人最多、廣島／福岡／岡山各有 6 人為其次；若是區域層次，以
「九州地區」最多，佔 30%，中國地區次之，東北地區偏少，很明顯
可以看出九州離臺灣較近，有地緣上便利性與優勢。1916 年出版的
《臺灣殖民發達史》中提到，1910-1914 年間臺灣地區的移民者，多以
九州、中國、四國等地最多，因為早在明治維新的時候，政府大量鼓

勵日本人向海外移民，最主要的目的是舒緩日本國內人口壓力，九州的人口密度是全日本最高，臺灣正好可以吸收其過剩的人口。此外，臺籍教師多以設籍在臺灣南部的老師為主，如黃金奢老師籍貫在高雄（1941 年任職高雄高女），楊水波老師籍貫在臺南（1929-1939 年任職高雄高女）。

表 14　高雄高女日籍教師出身地統計表

| 沖繩地區 | | 九州區 | | 四國地區 | | 中國地區 | | 近畿地區 | | 東海地區 | | 信越北陸 | | 關東地區 | | 東北地區 | |
|---|---|---|---|---|---|---|---|---|---|---|---|---|---|---|---|---|---|
| 沖繩 | 1 | 長崎 | 5 | 愛媛 | 2 | 山口 | 3 | 和歌山 | 2 | 靜岡 | 3 | 新潟 | 5 | 東京 | 2 | 山形 | 4 |
| | | 熊本 | 11 | 香川 | 1 | 岡山 | 6 | 奈良 | 1 | 愛知 | 2 | 石川 | 1 | 群馬 | 1 | 宮城 | 2 |
| | | 福岡 | 6 | | | 廣島 | 6 | 滋賀 | 1 | 岐阜 | 2 | 長野 | 5 | 山梨 | 2 | | |
| | | 大分 | 2 | | | 島根 | 2 | 大阪 | 3 | | | | | 栃木 | 1 | | |
| | | 佐賀 | 2 | | | | | | | | | | | 千葉 | 2 | | |
| | | | | | | | | | | | | | | 埼玉 | 1 | | |
| | | | | | | | | | | | | | | 神奈川 | 1 | | |
| 小計 | 1 | 26 | | 3 | | 17 | | 7 | | 7 | | 11 | | 10 | | 6 | |

來源：整理自中研院臺史所臺灣總督府職員錄系統。網址：http://who.ith.sinica.edu.tw/mpView.action。

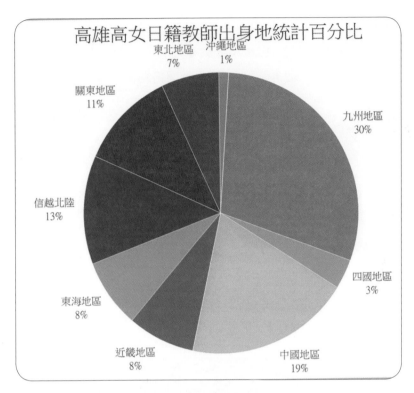

圖 80　高雄高女日籍教師出生地統計百分比
來源：整理自中研院臺史所臺灣總督府職員錄系統。
　　　網址：http://who.ith.sinica.edu.tw/mpView.action。

　　除了教員，學校還有職員的組成，比較特別的身分如書記、學校醫和使丁。「書記」的坂田惠之助先生，籍貫在島根，於 1921-1923 年任高雄州知事官房會計課書記，1924 年開始轉任高雄高女書記一職，直到 1939 年總共奉獻了近 15 年的歲月在學校。「學校醫」方面，1922 年公布〈臺灣公立學校醫囑託及執務相關規則〉指明學校醫需具有醫師法或臺灣醫師令的醫師執照等正式資格才行，主要的職執務內容有：負責學生的身體檢查、進行學校衛生事項的調查、進行衛生

相關演講與宣導衛生事項等，[1] 海老名昭二郎先生是高雄高女的學校醫，籍貫在山形，1925-1929 年先於臺北醫院服務，1930 年開始在高雄高女擔任學校醫一職，之後也在高雄港務局檢疫課擔任囑託。

楊水波　　　　雲林院祥次　　　　坂田惠之助　　　　海老名昭二郎

圖 81　學校重要教職員
來源：歷屆高雄高等女學校《卒業記念寫真帖》。

圖 82　使丁
來源：1935 年高雄高等女學校《卒業記念寫真帖》。

---

1　陳宜君，《製作健康兒童——日治時期臺灣學校衛生事業之發展》，頁 77。

「使丁」類似今日的學校工友，專門在學校裡面協助處理行政或總務上的庶務，不過因為不是正式職位，所以也無法在文獻紀錄上找到相關資料，僅能從有限的照片中窺見大略。

學校職員俸給由地區州政府核給，奏任是年額，判任、囑託、雇是月額，各校不一。舉例來說，根據 1923 年臺灣總督府學事第二十年報中記載，高等女學校奏任一人平均年額二千圓以上，判任一人平均月額約一百圓以下，囑託一年平均月額變動幅度很大，北一高女七十三圓、臺南高女二十九圓，雇一人平均月額也是變動很大，北二高女七十五圓、臺南高女四十八圓。

## 4-2　本田喜八校長 [2]

歷任校長中，本田喜八校長為日本時代高雄高女任職校長時間最長的一人。本田校長於 1884 年 12 月 13 日出生於熊本縣飽託郡芳野村，1907 年東京高等師範學校本科地理歷史部畢業，同年取得學科教員免許狀，可以教授師範學校（修身科、地理科、歷史科、教育科）、中學校（修身科、地理科、歷史科、法制及經濟科）、高等女學校（修身科、地理科、歷史科、教育科），同年 4 月 5 日派任佐賀師範學校教師，1916 年轉調擔任島根縣立女子師範學校教諭，1920 年3 月 31 日兼任島根縣立今市高等女學校教諭。

本田喜八何時渡海抵臺灣目前尚未有明確的資料顯示，不過可以確定的是本田先生於 1920 年已到臺灣任教，當時臺灣總督田健治郎重新調整地方制度，全島重新劃分為五州二廳，各州的中等學校交由地方州政府管理，於是本田喜八同年 9 月 7 日開始擔任臺南高等女學

---

2　本節部分內容發表於〈日治時期高雄市重要日籍人士〉一文。

校教諭，隔年擔任該校生徒監[3]；1922 年 5 月 6 日因為臺南高女校校長演武元次因故不在校，由本田喜八暫時代理校長職位，掌管全校師生事務，開始累積治校經驗。

1924 年 4 月 1 日高雄高女創校，第一學期結束，第二學期未開始之際，為了讓高雄高女校務運作穩定，高雄州富島元治知事即向臺灣總督請示有關高雄高女學校組織章程一事，希望在學校的人事整備上能夠更完整，所以需要稍作調整。根據公文顯示，該年 7 月 16 日以內學第 1184 號的公文會送相關單位，由富島元治薦請本田喜八先生任職高雄高女校長，原因在於本田喜八先前擔任過臺南第一高女代理校長一職，面對高等女學校的校務運作熟悉，是高雄高女新校長的不二人選，於是後來總督府同意提案調整。

圖 83　創立十週年紀念繪葉
　　　　書──本田喜八校長
來源：黃彥傑收藏。

總督府於 8 月 11 日先由本田先生兼任臺灣公立高等女學校校長，隨後再補上高雄高等女學校教諭與校長的職稱，遂讓名和仁一先生回任高雄州理事官。本田喜八校長派任高雄的當天，據《臺南新報》的記載，8 月 20 日下午 3 點 55 分火車抵達高雄停車場時，高雄在地的官員、民眾和女學生，紛紛夾道相迎，根據紀錄，住在高雄市湊町參丁目貳拾貳番地。[4] 隔日 21 日上午 8 點舉行開學典禮，全校教職員工生集合完畢後，由本

3　「生徒監」類似今天學生教官的任務。
4　〈高女校長到任〉，《臺南新報》（1924 年 8 月 22 日），第 5 版。

田校長主持第二學期開學典禮。[5] 根據統計，在日本時代的高雄高女歷任校長中，本田喜八校長是任職校長時間最長的一人，任內 1935 年因為是高雄高女創立十週年，還為此發行紀念繪葉書。

本田喜八校長的本職學是地理歷史科，由於學識淵博，曾受高雄州教育會委託，協同高雄州兩大中等教育學校的師資，包括高雄高女教諭山田友記、[6] 高雄中學校教諭野上桇雄、[7] 黑澤輝喜，以及高雄州視學井冉彌德等人，共同匯編《高雄州地誌》，此地誌於 1931 年 8 月完成並出版，內容包含高雄州的地勢、氣候、產業、交通、教育及州下各郡的等各方面情事的敘寫。編輯作者群是由高雄在地教育工作者組成，不僅具備深厚的科學教育根基，同時有擁有一定程度的漢學素養，水準極高，是當時被認為是高雄州最早的全方位方誌。[8]

本田喜八校長最後於 1941 年 8 月 26 日退休，離職返回日本。本田校長退休接受採訪時表示：

> 我奉命被擢升擔任校長一職，未經過應有的歷練，真的很過意不去。在教學生涯的三十五年當中，有二十二年是在臺灣渡過的，而且大半都是在高雄。剛到高雄，女學校初創之時，人口僅有四萬人，中等學校也只有高中一所而已，學生更是少得可憐。曾幾何時，高雄變成十七萬人口的大都市，商業學校、實業補習學校陸續成立，好不熱鬧。希望能教育

---

5　〈高雄高女始業式〉，《臺灣日日新報》（1924 年 8 月 21 日），第 5 版。

6　山田友記教諭於 1925-1932 年服務於高雄高女，與本田喜八校長同為熊本籍教師。

7　野上桇雄（1925-1944 年任教於高雄中學校）教授地理歷史科。

8　吳榮發，《南國的十字星：高雄中學 85 週年校慶特刊》（高雄：高雄市立高雄高級中學，2007），頁 56。

出貞德賢淑的女子、愛國的青年，好比拉馬車的馬一步一腳印，雖沒有一番大成就，但教過的學生，有些已是三十多歲的傑出青年，有人則是為人良母。現下我身體還算健康，雖回故鄉（熊本），但若有需要我的時候，必當挺身而出。[9]

本田喜八校長在高雄的教育奉獻，擔任高雄高女的創校校長，舉辦遠足、運動會、音樂會等動靜皆宜的活動，培養高雄高女學生能文允武的能力，發展遠泳、泳渡旗後的特色課程，戮力奠基，開創高雄高女十三年的黃金時期；隨後擔任五年高雄中學校校長，最後於1941年決定退休返回日本，不只學生覺得不捨，居民也覺得可惜。在退休之餘還不忘對高雄教育的殷殷期盼，要是他還可以，必定竭力以赴。平實來說，本田喜八在日本時代對高雄女子中等教育的奠基，甚至於高雄地區中等教育的奉獻，著實功不可沒。

## 4-3　尊師重道

日本時代在學校當老師是很受學生尊敬的，舉例來說1934-1939年堀部岩雄老師任教於高雄高女，1940年後轉任新竹師範學校，1939年卒業寫真中有一張照片是學校特別製作直式長布條，上面寫著「迎堀部岩雄先生」，學生沿著鹽埕第五號道路一路往學校方向行進。

---

9　〈教壇生活三十五年　惜しまれて去る本田喜八氏〉，《臺灣日日新報》日刊（1941年8月28日），第4版。

圖 84　迎堀部岩雄老師
來源：1939 年高雄高等女學校《卒業記念寫真帖》。
註：行經鹽埕區（今五福四路與大勇路）一帶，照片左後方為吉井百
　　貨。

圖 85　迎堀部先生
來源：1939 年高雄高等女學校《卒業記念寫真帖》。

老師的一句話往往都給學生留下很深遠的影響。根據 1938 年入學的張瑞妍校友回憶，當時任教體操科的無敵鶴子老師是一位非常貼心的老師，因為張瑞妍的體育表現很好，想當校隊、跑田徑、打排球，而且書法、畫畫也很優秀，什麼都想學，當時她的體育老師無敵就跟她說：「不要做八方美人，只要有一項專精，以後就會成功。」（2014 年 11 月 7 日雄女九十週年日籍校友返校訪談）這句話給了她很大的啟示，她就在體育方面定下來，透過無敵老師的嚴格訓練，後來幾次代表學校參加各項比賽都有很好的表現。

圖 86　堀部岩雄老師與校長合影
來源：1939 年高雄高等女學校
　　　《卒業記念寫真帖》。

## ◎ 謝恩會

「師者，傳道、授業、解惑也。」學校老師教授畢生所學給學生，對學生日常生活的照顧也無微不至，所以每當學生畢業、教職員退休或是轉調他校時，學生就會舉辦「送迎會」或「謝恩會」來感謝老師的教導，在畢業典禮時，就會舉辦如同今日的「謝師宴」。這些非學校的正

圖 87　桌面擺盤講究
來源：1935 年高雄高等女學校
　　　《卒業記念寫真帖》。

規活動，是學生自主自發的，所以
活動流程相對輕鬆不複雜，活動的
形式簡單但充滿溫馨。一般謝恩會
的流程：

圖 88　西式用餐
來源：1939 年高雄高等女學校
　　　《卒業記念寫真帖》。

　一、敬禮。

　二、學校長向學生提及與要告
　　　別的職員相關之事情，並
　　　表達感謝之意。

　三、職員敘述告別之辭。

　四、學生代表敘述感謝、送別之辭。

　　若在學校舉行謝恩會，地點會選在講堂，餐點都是由學生們自己
製作。學生在學校的家事課會學習烹飪，學生自己會作做料理，修身
課也會教導學生中西式用餐擺盤方法，桌面擺盤就會比較正式。

圖 89　謝恩會
來源：1939 年高雄高等女學校《卒業記念寫真帖》。

紀錄上，高雄高女也有替老師舉辦過很多次謝恩會，橫井一老師的送別會就被記錄在高雄高等女學校《卒業記念寫真帖》裡面。橫井一老師是長崎人，1940-1941 年任教高雄高女，1942 年後調任臺北州立臺北第四中學校。學生替老師準備了謝恩會，在民間餐館舉行，當天氣氛輕鬆，和橫井一

圖 90　橫井先生的送別會
來源：1942 年高雄高等女學校
　　　《卒業記念寫真帖》。

老師盡情的聊天，亦師亦友的師生情懷永留大家心中。

## 4-4　教職員在職進修

當時日本時代能夠考上高雄高女的學生就已經是地區的佼佼者，能夠在高等女學校任教的老師更是學有專精。老師們除了平日在學校教授既定課程之外，各界若有舉辦講習會或專題演講，一定會找機會邀請高雄高女老師擔任主講者。講習會舉行的主要目的是為改進教學活動，提昇教師資格、補充學力不足、豐富教員能力、啟迪方法，參與後以為實際之活動[10]，以下為當時報章記載各界的發表、講習或研習的活動：

---

10　林玫君，〈日治時期的臺灣女子體育講習會〉，《國史館館刊》，（41）（2014），頁 92。

表 15　高雄高女教師擔任講師之研習活動

| 時間 | 科目 | 內容 |
|---|---|---|
| 1929 年 2 月 23 日 | 綴方 | 「綴方研究發表會」在屏東小學校舉辦，**坂上一郎**老師舉辦演講。 |
| 1929 年 9 月 1 日 | 震災 | 為高雄市的震災記念日，下午 7 點半在婦人會館，由**坂上一郎**老師就「震災和生活改善」演講。 |
| 1933 年 8 月 7 日到 11 日 | 體操 | 共 5 天由東港郡教育會在東港公學校舉辦「體操講習會」，**野中松平**老師擔任講師，參加講習的人員是東港郡所屬小公學校職員。 |
| 1934 年 7 月 25 日至 28 日 | 圖畫 | 每天早上 8 點到下午 4 點，在高雄第二小學校舉辦，由臺北市川端町南條博明主辦「圖畫講習會」，由**山田新吉**老師擔任講師。 |
| 1935 年 8 月 15 日 | 圖書 | 屏東教育會利用夏季休假時間在屏東小學校舉辦為期五日的「圖書講習會」，以市內小公學校職員為主，講師聘請**山田新吉**老師進行演講。期間還有由南條博明蒐集全國中小學校代表標準圖畫作品、歐洲米國各圖畫作品陳列並公開展示。 |

來源：整理自歷年《臺灣日日新報》。
註：粗體字為高雄高女教師。

　　不僅老師會主動參加研習提升自己的專業知能，身為一校之大家長當然也會。本田喜八校長於 1931 年 2 月 6 日參加「第六回臺南州中等學校教育研究會」，該日早上 8 點半至下午 4 點在嘉義農林學校舉行。臺南州鈴木督學、臺南州的各中等學校校長、屏東農業學校校長和四十多位數學科教師參加此研究會。到 10 點 10 分時，參觀第二學年的代數教學和第五學年的測量教學及測樹實習，10 點 20 分起由樋口同校長擔任會議主席，針對下列問題進行提案討論 [11]：

11　〈臺南州中等學校教育研究會〉，《臺灣日日新報》日刊（1931 年 2 月 9 日），第 5 版。

表 16　第六回臺南州中等學校教育研究會提案討論

| 提案人員 | 討論內容 |
| --- | --- |
| 臺南師範 | 幾何學入門的教學方案為何？ |
| 嘉義中學 | 數學科的練習問題要如何指導才能增進有效的學習？ |
| 臺南二中 | 圖表教學的實際狀況如何？ |
| 臺南二高女 | 有特別設立器械的計算練習課的學校實際上是否有練習？ |
| 嘉義高女 | 現今數學教學的實際狀況如何？未來是否有相關計畫或具體方案？ |
| 臺南一中 | 對於成績優良的學生如何指導？成績不好的學生是否進行補救教學？成效如何？ |
| 臺南一高女 | 對於數學科成績不好的學生、成績優良的學生、或想要進入好學校的考生，該如何指導？成效如何？ |
| 屏東農林 | 對於本島數學課，在正規上課時間外所實施的補救教學方法為何？成效如何？ |
| **高雄高女** | **對於本校全學年的數學科教材的分配是否恰當懇請批評指教。** |
| 屏東農林 | 算術教學中如何導入代數教學。 |

來源：整理自歷年《臺灣日日新報》。

# 5. 窄門裡的歲月——良妻賢母的養成

學校生活多采多姿，一定是不少人成長經驗中很特別的一段回憶。日本時代雖引進新式教育，以現今的角度來看，當時的女子的中等教育還是相對「傳統」和「保守」。1922年以前高等女學校的教學目標以「傳授手藝」為唯一目的，1922年頒布〈臺灣公立高等女學校規則〉，從規則條目中可看「培養婦德」和「傳授知識技能」為主。

## 5-1　課程概況

〈臺灣公立高等女學校規則〉第一條明示：

> 學生之教育以培養國民道德涵養、婦德等有關之學科知識為目的，並注重各科目，教學方法之互相連貫、互相補益。

婦德為女子中等教育的核心目標，據此當時高等女學校教學要旨大致有五項：[1]

一、涵養德性；
二、精通日語；
三、確立日本國民性格；
四、陶冶貞淑溫良和勤儉家事的習性；
五、傳授切合實際的知識技能。

依據這五大要旨安排課程，課程每週上課27-32個課時，修業四年，分不同學年進行不同的課程學習。依據規定，高雄高女所開設的

---

1　游鑑明，〈日據時期臺灣的女子教育〉，頁55。

校內課程有：修身、國語、外國語（英語）、歷史、地理、數學、理科、圖畫、家事、裁縫、音樂、體操、手藝等。

表 17　1924 年高雄高女學科課程及每週教授時數表

| 學年 | 第一學年 | | 第二學年 | | 第三學年 | | 第四學年 | |
|---|---|---|---|---|---|---|---|---|
| | 時數 | 課程 | 時數 | 課程 | 時數 | 課程 | 時數 | 課程 |
| 修身 | 2 | 倫理與常識教育語錄 道德禮節教育 | 2 | 教育語錄、道德綱要、禮節教育 | 1 | 戊申詔書、道德綱要、禮節教育 | 1 | 道德綱要、道德教育的特質、禮節教育 |
| 國語（日語） | 6 | 講讀、作文、習字 | 6 | 講讀、作文及文法、習字 | 5 | 同前 | 5 | 講讀、作文、習字 |
| 外國語（英語） | （3） | 發音、英文字母書寫、閱讀與翻譯、聽講與作文、聽寫、書寫練習 | （3） | 閱讀與翻譯、聽講與作文、聽寫、書寫練習 | （3） | 閱讀與翻譯、聽講與作文、聽寫 | （3） | 同前 |
| 歷史地理 | 3 | 日本歷史 日本地理 | 3 | 日本歷史 世界地理 | 2 | 外國歷史 世界地理 | 2 | 外國歷史、日本歷史地理概說 |
| 數學 | 3 | 算術 | 3 | 算術、代數 | 3 | 代數、幾何 | 3 | 同前 |
| 理科 | 3 | 植物 動物 | 3 | 生理與衛生 鑛物 | 3 | 物理 化學 | 3 | 同前 |
| 圖畫 | 1 | 寫生、臨摹、設計 | 1 | 同前 | 1 | 同前 | 1 | 同前 |
| 家事 | | | | | 3 | 家裏的整理、家事衛生食物的調理、實習 | 4 | 育兒、養老與疾病照料、家庭經濟、家計簿書寫、實習 |

（續上頁）

| 學年 | 第一學年 | | 第二學年 | | 第三學年 | | 第四學年 | |
|---|---|---|---|---|---|---|---|---|
| | 時數 | 課程 | 時數 | 課程 | 時數 | 課程 | 時數 | 課程 |
| 裁縫 | 4 | 基礎技術練習、衣服的裁縫、衣服的修補 | 4 | 衣服的裁縫、衣服的修補 | 5 | 同前 裁縫機的使用法 | 4 | 同前 |
| 音樂 | 2 | 樂理、基本練習歌曲 | 2 | 同前 | 1 | 同前 樂器的使用 | 1 | 同前 |
| 體操 | 3 | 體操、軍訓、遊戲 | 3 | 同前 | 3 | 同前 | 3 | 同前 |
| 手藝 | （1） | 刺繡 編織 | （1） | 同前 | （2） | 同前 袋子的製作 | （2） | 同前 人造花 |
| 總計 | 27（31） | | 27（31） | | 27（32） | | 27（32） | |

來源：〈高雄高等女學校學則ノ件〉，《臺灣總督府公文類纂》，國史館臺灣文獻館數位典藏，典藏號：00007249015。

註：本表中的外語和手工藝科目為選修科目。

　　臺灣各地高等女學校授課使用的教科書，由臺灣總督持有著作權，經文部省檢定通過合格，發行使用認可後才可以被各學校所採用。每學年可以重新採用不同出版商的教科書，以 1924 年高雄高女的書單（如下表），可以發現各教科書的作者幾乎都是日本人，除了國語是學習日本語之外，歷史跟地理的課程用書也都是教授日本史地為主。

　　每一年選用哪些教科書幾乎都會刊登在《高雄州報》以示公告，學校每年都可以更換出版社的用書。習字帖可當日文假名的書寫練習；歷史會用「歷史地圖」當輔助教材，學習的範圍包含日本、東洋和世界的歷史地圖都有；地理科也會用日本地圖和世界地圖輔助學

習;數學循序漸進,從算術、代數、幾何到日常的各種運算;理科則是有是複雜許多,包含植物、動物、礦物、物理、化學和生理衛生等,都各有專門的教科書;圖畫、音樂和裁縫等實作科目也都有購買教科書。

表18 1924年高雄高女教科書單

| 學科目 | 圖書名 | 發行日期 | 作者 | 發行所 |
|---|---|---|---|---|
| 修身 | 女子修身 | 1923.10.30 | 友枝高彥 | 本坂嘉治馬 |
| 國語<br>(日語) | 女子新國文<br>新撰女子習字帖 | 1923.12.15<br>1921.12.8 | 芳賀矢一<br>小由左文二 | 本坂嘉治馬<br>松邑孫吉 |
| 英語 | Girls' Crown Readers | 1921.1.1 | 神田乃武 | 神保周藏 |
| 歷史 | 新體女子日本歷史 | 1923.12.27 | 八代國治 | 本坂嘉治馬 |
| 地理 | 女子教育日本地理教科書<br>普通教育日本地圖 | 1923.11.17<br>1921.12.27 | 山崎直方<br>山崎直方 | 渡邊良助<br>渡邊良助 |
| 數學 | 女學校用數學教科書算術之部 | 1921.12.15 | 森岩太郎 | 目黑甚七 |
| 理科 | 女子理科植物科教書<br>女子理科動物科教書 | 1923.2.18<br>1923.2.2 | 藤井健治<br>丘淺治郎 | 渡邊良助<br>渡邊良助 |
| 圖畫 | 新圖畫帳高等女學校用 | 1923.5.12 | 白濱徵 | 宮川保全 |
| 音樂 | 高等女學校樂典教本 | 1923.12.15 | 福井直秋 | 白井保男 |
| 裁縫 | 裁縫新教科書 | 1919.4.18 | 公立女子職業學校櫻友會裁縫研究部 | 宮川保男 |

來源:〈教科書調〉,《高雄州報》(1924年4月25日)。

## 5-2　各科目實施

有了教科書，學生依照課程規劃開始上課，一般學科包括修身、國語、英語、歷史、地理、數學、理科、圖畫、音樂、家事、裁縫、手藝、體操和園藝科。以下為各科目的基本介紹：

**修身科**，依據教育敕語[2] 之意旨，主要培養中等以上社會女子應有的品格，所以對婦德和禮儀的實際指導非常重視，婦德不可見，但可以包含在灑掃庭除、茶道、跪姿、彈琴等之中。禮儀又包括日式和西式兩種訓練。

圖 91　修身課程
來源：1942 年高雄高等女學校
　　　《卒業記念寫真帖》。

圖 92　掃地
來源：1942 年高雄高等女學校
　　　《卒業記念寫真帖》。

---

2　教育敕語是 1890 年於日本頒布，由井上毅起草，經元田永孚修正，後來透過內閣閣員及天皇的審核而完成，以尊崇天皇為主，採儒教裡的忠孝觀念，加入遵守憲法的條件，為後日教育之基準。來源：朱珮琪，《臺籍菁英的搖籃：臺中一中》，頁 60。

圖 93　茶道與跪姿要求
來源：1942 年高雄高等女學校《卒業記念寫真帖》。

圖 94　彈琴
來源：1942 年高雄高等女學校《卒業記念寫真帖》。

　　**國語科**是「日文」課程，以日文讀法和日常會話為授課內容。全臺高等女學校建置初期未編纂教科書，由教師寫板書，學生勤抄筆記為主，後來就有專門的出版社編輯教科書。在教學上以當時文章為主，先由學生講讀，然後再溯及近古的文章，高年級則更深入學習中古文學的感情和美，面對日語要會書寫實用簡易的作文，並教授日文文法概要和習字。

圖 95　中古文學
來源：1938 年高雄高等女學校《卒業記念寫真帖》。

　　**外國語**的課程安排是可以選修「英語」或「法語」，日本明治維新的概念師法於英國，所以日本的新式教育之學制也取法於英國，高雄高女的外國語課程選擇以教授「英語」為主，教學的目標在使學生能了解普通英語，獲得能加以運用的能力，從發音、拼字開始，教授簡易文章之讀法、譯解、聽寫、作文，進而可以閱讀普通文章，了解文法概要、會話及習字。

圖 96　四年級英語組教室
來源：1937 年高雄高等女學校《卒業記念寫真帖》。

　　**歷史科**，教授範圍大致與初等教育相似，從日本建國開始的重要事跡，使學生理解社會變遷、文化的由來，尤其詳述日本的發展，並明瞭日本國體的特殊性與他國的差異，輔以教授外國歷史概要。

　　**地理科**，教授地球之形狀及運動、地球表面及人類生活之狀態，並知曉日本地理、國勢，以及和日本有重要關係的外國地理。

　　**數學科**，包含算術運算、代數和幾何，應闡明數量之關係，讓學生熟習計算，並能應用在生活上。

　　**理科**，包括自然現象、生物、物理、化學、衛生及人體構造等介紹，使學生理解其法則、相互作用和人類相關，並能夠對日常生活有益助，配合實際生活進行授課，所以理科應教授重要植物、動物、礦物之一般知識、人體構造、生理及衛生概要，以及重要物理、化學上的現象，及定律、器械構造及作用，元素及其化合物相關知識，應權宜開設實驗課。

圖 97　數學課
來源：1942 年高雄高等女學校《卒業記念寫真帖》。

圖 98　物理課
來源：1942 年高雄高等女學校《卒業記念寫真帖》。

圖 99　理科實驗
來源：1937 年高雄高等女學校《卒業記念寫真帖》。

　　**圖畫**方面，以寫生畫為主，附加教授臨摩畫，學生多自己自由創作，也可適合教授幾何畫入門，可以讓學生獲得精密觀察物體、正確且自由將之畫出的能力，並以淬礪創意、培養美感為要旨。

圖 100　　圖畫——實體臨摹
來源：1942 年高雄高等女學校《卒業記念寫真帖》。

　　**音樂科**音樂課的安排，由單音練唱進入複音練唱及樂器使用的指導，以培養美感、潔淨心靈和涵養德性，並配合音樂會和學藝會的舉辦，以提高學習興趣。音樂科一開始是被家長排斥的科目，因為在傳統社會中歌唱是「伶人」所為，伶人是位階低賤的人所從事的工作，女學生多出生中上階層，所以歌唱不被認為是值得學習之事。[3] 不過後來學校透過舉辦音樂會或學藝會，向家長宣傳音樂課的優點，漸漸才被接受。

---

3　徐瑋瑩，〈打造時代新女性：由日治時期學校身體教育探尋臺灣近代舞蹈藝術萌發的基礎〉，《臺灣舞蹈研究期刊》，(6)（2011），頁 97。

圖 101　音樂課
來源：1935 年高雄高等女學校
　　　《卒業記念寫真帖》。

圖 102　看譜唱歌
來源：1938 年高雄高等女學校
　　　《卒業記念寫真帖》。

女學生會在音樂會或學藝會表演音樂課所學，平時如果音樂課在歌唱或舞蹈表演有任何特殊技藝時就會獲選登臺在學藝會表演，該同學就會成為大家模仿的表率，這種榮譽感也是初期對音樂課反感的一大突破，歌唱活動在學校教育的脈絡下被賦予強健身心、活潑精神、提升美感的婦德教育功能。[4] 不僅如此，音樂課的唱歌可以涵養德性、傳遞國體大義、培養學生忠君愛國情操，透過唱歌的教學，學生更可以在祝祭日儀式中唱儀式歌曲，而加強天皇制國家意識型態的意涵。[5]

　　**藝能科**，包括**裁縫**、**家事**或**手藝**教學，目的在培養節儉、清潔、周密、節約和利用厚生等習慣，裁縫和家事科皆規定只有女子才須修習，所以也是女子教育重要的一環。[6] **裁縫方面**，教授普通衣類的縫法、裁剪法和補法，在物資普遍缺乏的那個年代，可以培養學生節約利用的習慣。每位學生都有

4　徐瑋瑩，〈打造時代新女性：由日治時期學校身體教育探尋臺灣近代舞蹈藝術萌發的基礎〉，頁 104。
5　許佩賢，《殖民地臺灣的近代學校》，頁 220。
6　滝澤佳奈枝，〈日治時期女子教育家政科〉，《臺灣學通訊》，（94）（2016），頁 12。

圖 103　裁縫——縫製衣服
來源：1937 年高雄高等女學校《卒業記念寫真帖》。

圖 104　縫製洋娃娃
來源：1937 年高雄高等女學校
　　　　《卒業記念寫真帖》。

圖 105　裁縫作品
來源：1938 年高雄高等女學校
　　　　《卒業記念寫真帖》。

一臺縫紉機可以操作，每節課都有規定的作業，未做完的衣服只能留在裁縫教室，不能帶回家做，所以大家都很認真上課。學期結束時，會完成一件衣服當作品，在學藝會時公開展覽。當時洋裁技術還沒有普及，所以學校也肩負著推廣洋裁技術的責任，透過學校有系統的教育體系，學生學得如何製作洋式制服，不但獲得一技之長，未來可以帶入家庭生活之外，同時也減輕家庭經濟負擔，具有經濟節約的功

能。裁縫教育意謂著學生從制服的消費者，轉變成為製作的主體，[7]所以裁縫教育也被視為體現「賢妻良母」的一種重要實踐手段。

　　**家事科**，教育內容主要是為將來作為家庭主婦的女孩們應該要擁有的科學性知識和技能，主要教授食、衣、住、看護、育兒、家計簿記及其他家庭整理、財務等相關事項，並開設「實習課」，這樣就可以讓學生獲得家事處理與實務上的必要知識與技能，也教授對於災害的應變措施。這科的所需要的知識，是實際應用其他學科知識的內容，所以課程內容盡量簡化，以達到「養成對此科的興趣」。[8]在食物與料理，一開始學習如何生火對女學生來說就是一大考驗，接著學習各種食材的煮法，有米飯料理、湯類、油炸類、煎烤類、燉煮類、醋拌料理等，更邁向日本化，也有教授關於調味料、保存食物、營養素、西式料理、宴客料理等吃法和做法的內容。1939年高雄高等女學校《卒業記念寫真帖》裡面記錄，家事課烹飪「菜單料理實習」，合計二汁（湯）五菜：

　　一、本膳
　　　　汁──葉附小魚、木耳、白味噌湯
　　　　壹──胡麻豆腐、山葵薯飯
　　　　膾──水前寺海苔、醃漬小菜（銀杏、梅肉）、油揚
　　　　　　（炸豆腐）等
　　　　香物（醬菜）──千枚漬

　　二、次膳
　　　　二汁──小茄子、長青海苔（清湯）
　　　　平──芋頭、大椎茸等
　　　　豬口（小菜）──栗（甘蔗）
　　　　燒物──百合根（天婦羅）

---

7　彭威翔，〈日治時期臺灣學校制服之研究〉，頁161。
8　滝澤佳奈枝，〈日治時期女子教育家政科〉，頁12。

圖 106　家事
來源：1937 年高雄高等女學校
　　　《卒業記念寫真帖》。

圖 107　家事
來源：1935 年高雄高等女學校
　　　《卒業記念寫真帖》。

圖 108　家事
來源：1939 年高雄高等女學校《卒業記念寫真帖》。

　　**手藝課**，從刺繡、造花、袋織和編織當中，選擇適合的事項來教授，讓學生淬礪創意、培養美感。透過學期中舉辦「展覽會」發表學生的手藝作品，展示期間經常吸引市民和居民大批參觀者前往，包括地方士紳、婦女或學生家長，也成為學校推廣藝能教育的好宣傳。大體來說，藝能課程採「活動教學」的方式，提高學生的學習興趣，

同時有些學校也安排與這些課程相互配合的課外活動，以充分發揮教學的功能，不過有學者認為其背後真正的目的，在於陶鑄日本國民性格，培養健康和勤勞的習慣，事後來看在日本統治末期，更有戰時後方儲備人員的功能。[9]

圖 109　手藝──刺繡
來源：1939 年高雄高等女學校
　　　《卒業記念寫真帖》。

圖 110　手藝──刺繡
來源：1942 年高雄高等女學校
　　　《卒業記念寫真帖》。

圖 111　手藝──造花
來源：1935 年高雄高等女學校
　　　《卒業記念寫真帖》。

圖 112　造花作品
來源：1938 年高雄高等女學校
　　　《卒業記念寫真帖》。

---

9　游鑑明，〈日據時期臺灣的女子教育〉，頁 173。

圖 113　插花
來源：1938 年高雄高等女學校《卒業記念寫真帖》。

　　1904 年日本打贏日俄戰爭後，文部大臣久保田認為日本之所以
能夠戰勝體格優於日本的俄國，主要是忠君愛國思想與國民體格的
增進等因素之作用，身體之於女子、女子之於家庭、家庭之於國家，
所以久保田認為學校中除了知識的灌輸，更應加強「德育」與「體育」
的訓練為忠君愛和國家強盛的基本架構，其中又以「女子體育」最急
迫，因為女子體格的強健是國民體格強健的基礎，所以建議學校教育
中應加入體育課程。[10]

　　**體育科**，日本人習慣將「體育」和「體操」同一視之，[11] 不過常採
用「體操」作為名稱（以下全稱體操），1873 年正式以「體操」作為制
度上名詞的統一，也成為學校體操的教科名稱。一開始的體操課被認

10　臺灣教育會，〈久保田文部大臣演說〉，《臺灣教育會雜誌》，29（1904），
　　頁 29。
11　鄭人豪，〈日治時期臺灣游泳運動史之研究〉（臺北：淡江大學歷史學系碩
　　士班論文，2009），頁 6。

為嬉戲，不符合道德標準，甚至會降低子弟品格，[12] 不僅如此，1917年臺灣總督府頒布「體操教授要目」，不過體操被中等學校學生家長認為為日後徵兵所做的準備，造成家長相當排斥。1928年4月28日「體操應教授體操、教練、遊戲，亦應權宜使其知曉運動生理概要」中，增添「競技」與「游泳」兩項目。

早期因為女生纏足的限制，體育活動僅止於「遊戲」，後來經過解纏足的推廣後，放足運動使纏足女性獲得身體解放，以方便的身體接受學校的體能教育。隨著臺灣社會風氣的開放，民眾的接受度也日與俱增，體操課的活動從日常生活的遊戲邁向多元的訓練。從隊伍排列、直行轉彎，到擺動肢體、進行遊戲等是訓練的項目，講求團體的一致協調，培養身體在一定的韻律中能夠動作一致、規律一致，使學生身體各部位均衡發育並強健之，培養四肢動作機敏、快活精神，兼以培養遵守規律、崇尚合作的習慣為主，所以透過團體動作的體操課，可使臺灣人養成規律、守秩序的觀念。[13] 因為有健康的母體，才能夠孕育出強壯的下一代，對國家利益有無窮遠的幫助，所以女子運動的型態在日本時代有很大程度的改變，運動的內容也比過去豐富很多，女子體育是有目的的往現代體育課程推進。[14] 不過在日本引進的新式教育中，體操科被認為最劣等的技藝，不僅家長排斥，學生更厭惡體操科，曾以非常消極的方式排斥此課。[15]

---

12　徐瑋瑩，〈打造時代新女性：由日治時期學校身體教育探尋臺灣近代舞蹈藝術萌發的基礎〉，頁97。

13　林雅慧，〈「修」臺灣「學」日本：日治時期臺灣修學旅行之研究〉（臺北：國立政治大學臺灣史研究所碩士論文，2009），頁105。

14　陳瑛珣，〈日治臺灣女子教育的現代精神──以彰化高女為例〉，頁6。

15　林玫君，〈日治時期臺灣女學生的登山活動──以攀登「新高山」為例〉，《人文社會學報》，（3）（2004），頁201。

圖 114　體操
來源：1935 年高雄高等女學校《卒業記念寫真帖》。

　　臺灣跟日本都是海島型國家，向海洋發展是必然的趨勢，但在
這之前知海、親海是首要的步驟。學校的課程中也知道熟悉水性的
重要，1917 年 2 月 3 日總督府訓令第九號發布〈體操教授要目〉，將
游泳列入體操科教授時間外的運動項目；1922 年游泳課的教授被納
入學校體育課的規定中，但就實施上有其場地困難性，除了少數學校
能夠興建游泳池或水泳場等設利用之外，其餘學校只能就近利用附
近已有的游泳設施或是利用臨海教授游泳。[16] 高雄高女於創校（1924
年）當年成立類似學生社團性質的「游泳部」，隔年（1925 年）夏季 6
月 14 日就開始舉行游泳練習。創校前三年是借用高雄第一小學校校
地使用，校內無專門的游泳池，不過往西遶過壽山不遠處就是西子灣
海水浴場，藉著地利之便，游泳練習的場地就選在西子灣及信號所旁

---

16　鄭人豪，〈日治時期臺灣游泳運動史之研究〉，頁 124。

的外海區域，[17] 經中央研究院高雄市百年歷史地圖網站的疊圖測量分析，沿著岸邊的游泳範圍最長距離約 1.2 公里餘。

圖 115　1925-1932 年高雄高女西子灣游泳課實施範圍
註：藍斜線範圍為游泳課，範圍底圖為 1926 年〈高雄築港平面圖〉。

---

17 〈高雄高女水泳〉，《臺南新報》日刊（1925 年 8 月 3 日），第 5 版。

　　西子灣於 1916 年被開闢為海水浴場，因位於壽山西南山麓，又被稱為「壽海水浴場」；1928 年花費大規模改建。在高雄高女還未蓋游泳池前，游泳課全部都在此練習，每年 7、8 月盛暑時節，會在這邊進行臨海教育。[18] 不管游泳課還是臨海教育，為了避免遇到突發狀況，活動進行中都會有不少協同老師進行。

　　當時哈瑪星市區的居民要到西子灣海水浴場，必須從哨船頭繞壽山南端才能抵達，1927 年壽山被票選為臺灣八大名景之一，此後聲名大噪、遊客如熾，同年由海野三次郎負責建造「壽山洞」（今西子灣隧道），全長二百餘公尺，翌年（1928）年完工，1933 年配合壽山公園各項設施的完成，壽山洞由高雄州知事太田吾一正式命名並啟用，對高雄的居民來說，往來西子灣之間的路徑更加方便了。

　　1931 年 7 月 1 日發布總督府令第 41 號，改正〈高等女學校規則〉：「得加上游泳」。基於此，高雄高女開始在校內興築游泳池。另一方面，1933 年〈高雄市區改正圖〉中，高雄港北側沿信號所往北，出現與海岸線垂直的「防砂堤」，此為一種海岸突堤，功能是阻擋外海漂砂進入港區，順流引導海浪保護船隻安全，日益完備的高雄港埠設施，加上船隻往來更頻繁，若高雄高女仍要在西子灣舉辦游泳練習，恐怕不再適合，於此基於高雄高女校內的游泳池在 1933 年 5 月 1 日完工後，5 月 22 日開始使用 [19]，此後游泳課也就順理移至校內舉行。

---

18 〈高雄高女生の　水泳練習終る〉,《臺灣日日新報》日刊（1931 年 8 月 11 日），第 7 版。

19 〈高雄高女　水泳講習會〉,《臺灣日日新報》日刊（1933 年 5 月 23 日），第 3 版。

圖 116　高雄高女夏季泳池寫真
來源：〈高雄高女ブールの賑ひ〉，《臺灣日日新報》日刊（1933 年 8 月 26 日），
　　　第 3 版。

1930 年代開始，為了配合殖民政策，此一時期在學校課程中增加約兩小時的園藝科。[20] **園藝科**，又稱為「實業科」、「工作科」或「作業科」，以培養學生自律勤勞為主，是一項戶外實習課程，本來有這樣的分類：北部女校從事花卉、蔬菜的栽培，南部女校教導學生

圖 117　園藝盆栽
來源：1935 年高雄高等女學校
　　　《卒業記念寫真帖》。

---

20　1933 年 3 月 15 日，廢除法制及經濟科，新增「公民科」，因應時勢所趨，之前的法制及經濟課，一味教授專門知識，在實際生活上有不合適的情況，所以增加公民科並列為必修科目，目的是要加強女學生對於日本國民精神的陶鑄。

美化校園，事實上後期碰到戰爭開始，有不少學校內花園都改成菜園，各校均以種菜、助割為主要教學活動，期望養成自律勞勤的習慣，學生每天一早到校必須先到菜園澆水、除草，這個工作也是提供老師考核勤惰之用，更後期戰事越吃緊，學生們改成幫忙收蓖麻樹種子供軍需使用，或至路邊割馬草餵食軍馬等不一而足。[21]

圖 118　同學澆花
來源：1937 年高雄高等女學校
　　　《卒業記念寫真帖》。

圖 119　學習農作
來源：1937 年高雄高等女學校
　　　《卒業記念寫真帖》。

圖 120　工作
來源：1942 年高雄高等女學校
　　　《卒業記念寫真帖》。

---

21　蘇靜華，〈戰後初期臺灣女子中等教育之研究（1945～1949）〉，頁 20。

圖 121　園藝作業
來源：1937 年高雄高等女學校《卒業記念寫真帖》。

　　高雄高女的課程有：修身、國語、英語、歷史、地理、數學、理科、圖畫、音樂、家事、裁縫、手藝、體操和園藝科。綜合統計，中等以上女學生修習科目每週教學時數的統計比例，從國語學校附屬女學校時代開始，藝能科的比例高達四分之三，達到「傳授手藝」的教學目標。1922 年新臺灣教育令公布，臺灣公立高等女學校規則也明定除了「培養婦德」之外，「傳授知識技能」也詳列為教學目標，所以後來 1934 年高雄高女的課程中，語文、社會、理數科每週授課時數總加起來超過一半比例，但藝能科還是佔有極大的比例。

表 19　中等以上女學生修業期間各科目每週教學總時數百分比表

| 學校 | 年代 | 語文科 | 社會科 | 理數科 | 藝能科 |
|---|---|---|---|---|---|
| 國語學校附屬女學校 | 1897 | 25 | | | 75 |
| | 1898 | 13.04 | 2.17 | 2.17 | 82.6 |
| | 1906 | 9.59 | 2.34 | 6.25 | 82.82 |
| | 1909 | 22.22（17.59） | 5.56 | 9.26 | 62.96 |
| 臺北女子高等普通學校 | 1919 | 25.81 | 11.83 | 17.20 | 45.17 |
| **高雄高等女學校** | **1934** | **19.13** | **17.4** | **20.86** | **42.61** |

來源：整理自游鑑明，〈日據時期臺灣的女子教育〉，頁 311。
註：括號表示日語科百分比數。

# 6. 學業二三事──那些年的花漾年華

日本統治下的臺灣，其學制跟內地同步，一年分三個學期，第一學期由 4 月 1 日至 8 月 20 日，第二學期由 8 月 21 日至 12 月 31 日，第三學期由 1 月 1 日至 3 月 31 日，其中 7 月 1 日至 8 月 20 日為暑假，12 月 29 日跨至第三學 1 月 3 日放年假，3 月 29 至 3 月 31 日為學年結束假期。[1]另外國定假日，如祭日、祝日、臺灣神社例祭日、一月一日、始政紀念日和星期日也都有休假。[2]

表 20　高雄高女學生活動一覽表

| 學期 | 月份 | 學校活動 |
|---|---|---|
| 第一學期 | 4 月 | 開學典禮 |
| | 5 月 | 學藝會 |
| | 6 月 | 學藝會 |
| | 7 月 | 夏休、七夕、長泳、校外參觀 |
| 第二學期 | 8 月 | 水泳 |
| | 9 月 | 義賣活動 |
| | 10 月 | 學藝會、校外參觀 |
| | 11 月 | 修學旅行、運動會 |
| | 12 月 | 修學旅行 |
| 第三學期 | 1 月 | 遠足 |
| | 2 月 | 學藝會、音樂會 |
| | 3 月 | 卒業式、入學考試 |

來源：筆者整理。

有趣的是，三月被稱為「女學生的季節」，[3]全臺各地的女學校之音樂會、成果發表會、學藝會、女兒節、畢業典禮等訊息無不都跟

---

1　1943 年根據新的〈中等學校令〉改為夏季休業（7 月 27 日至 8 月 31 日）、冬季休業（12 月 29 日至翌年 1 月 5 日）、春季休業（3 月 21 日至 3 月 31 日）。

2　〈臺灣公立中學校官制及規則〉第二十至二十二條。

3　竹中信子著，曾淑卿譯，《日治臺灣生活史：日本女人在臺灣──大正篇》，頁 150。

「女孩」有關，各種活動也在這個時候很容易出現在媒體報導上。學校會依據不同時令與需要，安排不同的學生訓育活動，如結合教學、養護或社教工作所推動定期活動，以涵養德育和群育之精神為目的。

「學藝會」、「運動會」與「修學旅行」被稱為是日本時代學校裡的三大活動，[4] 不僅動靜皆有，與課堂中的學習互相搭配，讓學生經由這些特別設計的活動，不知不覺接受安排在其中的規範。學校方面希望藉由這些課外活動達到訓練體力、培養團隊精神等多種教育目的，學生也因此得到不同的學校生活經驗。

## 6-1　學藝會（がくげいかい）

學藝會是一項全校師生共同策劃、排練的藝能活動，包括唱歌、跳舞和話劇等節目，有些節目會跟學生學習的課程內容相呼應，也可展現課堂的學習成果。學藝會最初的目的是以公開靜態展示學生的作品為主，激勵學生學習藝能科的意願，藉此機會作為學校與家長溝通的管道，讓家長認識學校的教育過程與成果，作為學校宣傳的重要機會。學藝會通常一年舉行至少一次，也有可能是每學期一次，或是在重大節日或校友聯誼會時「加碼」舉辦。

高雄高女舉辦的學藝會中表演都非常豐富，有史地知識、唱歌、英語會話、朗誦、珠算比賽等，就趣味性來講十分吸引觀眾的目光，學校老師會拿出自己最擅長的才藝來指導學生，學生也會為學藝會提早好幾個禮拜做練習。表演的場所大部分在校內講堂，有時會另借地區附近的禮堂或大廣場。因為是全校性的大活動，也是地方的大事情，每當演出之際除了參加居民眾多，都是師生最感到興奮的一刻，多深獲家長和地方民眾的支持。

---

4　許佩賢，《太陽旗下的魔法學校：日治臺灣新式教育的誕生》，頁24。

表 21　高雄高女歷屆學藝會一覽表

| 時間 | 相關報導 |
|---|---|
| 1926 年 2 月 20 日 | 第四回學藝會，早上 8 點全校學生一百八十餘位與家長都有參加，開會主辦人員致詞後，大家合唱歌曲，歌聲鏗鏘有力，接著有英語會話、朗誦等節目，表演完才閉會。 |
| 1927 年 5 月 16 日 | 上午 9 點，舉辦學藝會，有音樂、作品展覽會等。 |
| 1929 年 5 月 10 日 | 高雄高等女學校於 10 日上午 8 點起，舉辦以地理和歷史為主題的學藝會。本田校長在學藝會一開始致詞後，接著由一年級學生王氏青柳同學的「日本一周」故事，做為開端，多數的觀眾極讚賞王同學的發音和驚人的記憶力，還有二年級小山靜同學「登山一遊」文章。文中提到登山的動機、登山的意義、登山過程中可能會遇到的問題，以及文章結尾敘述登山後的感想。整篇文章條理分明、井然有序，連大人都有所不及，是位頭腦聰明的學生，教職員也對此篇文章非常感動。學藝會整個過程秩序良好。在四年級學生合唱「我的馬兒啊！」歌聲中結束學藝會。<br><br><br>圖 122　學藝會一景<br>註：照片的場景是以冠石疊法築成西海武士協議的場景。 |
| 1929 年 6 月 22 日 | 上午 8 點起，舉辦以理科、音樂為主的學藝會。 |
| 1934 年 10 月 20 日 | 十週年紀念式學藝會。 |
| 1937 年 2 月 14 日 | 早上 8 點在雨天體操場舉辦各科綜合學藝會、教室設有書畫展覽會，下午 1 點有音樂演奏，參加者很多。 |

來源：整理歷年《臺灣日日新報》。

圖 123　學藝會——唱歌表演
來源：1937 年高雄高等女學校
　　　《卒業記念寫真帖》。

圖 124　學藝會——珠算比賽
來源：1937 年高雄高等女學校
　　　《卒業記念寫真帖》。

圖 125　學藝會——學科表演：昭和 11 年（1936）本校氣象觀測情事，氣溫、
　　　降水量等
來源：1937 年高雄高等女學校《卒業記念寫真帖》。

　　學藝會常會配合日本母國的國家紀念日、傳統民間節日或臺灣民間節慶與學校紀念活動，如此學藝會成為節慶活動的一環，日本家國的思想與傳統節日歷史追憶順勢成為學藝會發揮的主題，透過一連串

歌唱、戲劇、舞蹈和圖畫展演等形式，達到殖民者欲統治的目的。[5]
若以更細緻的脈絡來看，教學就是監視的過程，判斷受教者是否達成
殖民教育的目標，可透過學藝活動來檢查。學藝會就是殖民者精心設
計的裝置（apparatus），表演開／閉幕的致詞、合唱等活動的演練與
安排，宣布官方歷史和國家意志。在殖民者的觀看之下，每位參與者
都在大方的檢查受教育者的展演，使統治者不費吹乎之力達到常規化
的標準，[6] 也讓學生或參與觀眾在輕鬆愉快的氣氛下，不知覺地涉入
殖民者的意識形態[7]。

## 6-2　音樂會（コンサート）、市集／園遊會（パザー）

　　音樂會活動性質與學藝會差不多，是學校的訓育活動之一，也是
學生展現音樂課成果的一個舞臺。學生會準備一些音樂節目表演給大
眾觀賞，聽眾常是中上社會的地方名流，而為了要維持品質，要持有
招待券或入場票才可以進場欣賞。表演完也會有舉辦展覽會和義賣，
義賣的東西幾乎都是學生的手工藝作品與親自製作的食品，當然這些
販售物品也是學校實作課程的成果展現之一。

　　根據《臺灣日日新報》的報導，高雄高女於 1929 年舉行第一回音
樂會，一直舉辦到戰前，雖然大戰開始之後學校課程多了軍事干擾，
但那時的音樂表演仍照常舉行，當時學生就會以琴合舞踊、邦樂、舞
蹈等，為出征軍人的遺家族進行慰問，以此達到提振士氣、慰勞軍人
的功能。

---

5　許佩賢，《殖民地臺灣的近代學校》，頁 274。

6　張耀宗（2013），〈日治時期的蕃童教育所學藝會的創辦與發展〉，《教育學
　　誌》，（29）（2013），頁 123。

7　徐瑋瑩，〈打造時代新女性：由日治時期學校身體教育探尋臺灣近代舞蹈
　　藝術萌發的基礎〉，頁 102。

圖 126　高雄高女市集與音樂會廣告
來源：《臺南新報》日刊（1932 年 2 月 7 日），第 7 版。

表 22　高雄高女音樂會與義賣活動

| 回次 | 時間 | 內容 |
|---|---|---|
| 1 | 1929 年 | 第一回音樂會。 |
| 2 | 1930 年 3 月 2 日 | 第二回音樂會、展覽會，並同市集，早上 9 點在雨天體操場舉辦音樂會，有招待券或入場券者才可入場，早上 11 點展覽開始，市集則公開給一般民眾參加。[8] |
| | | （高雄電話採訪）高雄高女第二回音樂會於 2 日上午 9 點起，因雨天的緣故，改在體育館舉行。這天雖然是假日，但來賓、家長卻比預定的時間還要早到會場。一時之間場內擠滿了人潮，後來的人士一度無法入場。經過再三的調度，才安置好各位到場參加的人士。本田校長致詞後，接著由三年級學生的合唱歌聲揭開音樂會的序幕。會中多達二十餘次的演奏。最後大家合唱「君之代」國歌，本田校長再度致閉會詞，結束今日的音樂會。接下來在二樓開始舉辦展覽會和義賣，義賣的東西大多數是學生親手作的，特別是「紅豆湯」、「五目飯」受到大家的好評。預定販售的一千二百張義賣券也在一瞬間被搶購一空。而一千三百多件的手工藝品也銷售殆盡。負責販賣的學生和老師也忙到不可開交。當天的來賓除了今井市尹，還有和高女學校淵源深厚的婦人團體、太田知事夫人、其他成員。再加上學生家長和家人，將近一千多人，人數之多是近年來少見的盛況。 |

---

8　〈高雄高女の　バザーは五日〉，《臺灣日日新報》夕刊（1930 年 3 月 1
　　日），第 2 版。

（續上頁）

| 回次 | 時間 | 內容 |
|---|---|---|
| 3 | 1931 年 2 月 15 日 | （高雄電話採訪）高雄高等女學校於 15 日下午 1 點開始舉行第三次音樂會。節目中有一部、二部的合唱。 |
| 4 | 1932 年 2 月 7 日 | 上午 9 點在校內舉行義賣市集，10 點舉行音樂會。所賣的物品是學生的裁縫作品和手工藝品，音樂會則上、下午各演奏一次，另外，當天在校內設食堂、擺攤販賣學生親手做的便當、咖哩飯、烏龍麵等美食。義賣所得金額將捐出，用在製造兵器、慰問滿州軍隊的家人、東北地方受飢餓罹災者等方面救護金。[9] |
| 5 | 1933 年 2 月 5 日 | 上午 9 點在校內舉行義賣和音樂會。義賣的東西是裁縫作品和手工藝品，都是學生親手做的作品，並設有攤位販賣學生親手做的便當，作品賣出所得的金額將捐獻出去。幾乎所有的東西在中午前就賣光。另外設置臨時攤位，由在學生和畢業生服務到場的各位嘉賓，讓大家盡興而歸。此外餐券一掃而空，現場人山人海，四點半結束後，人潮才漸漸散去。[10] 音樂演奏上午和下午共兩次，還穿插多場舞蹈表演。 |
| | 1935 年 2 月 8 日 | 高雄高女於 10 日早上 10 點起，到下午 3 點止舉行義賣。義賣的東西有各種裁縫、手工藝品之外，還有學生利用理科實驗課所做的化粧品。另外小吃攤也販賣學生親手做的料理。 |
| 8 | 1936 年 2 月 16 日 | 早上 8 點半舉辦義賣市場、音樂會、劇舞踊等參觀的人很多。 |
| 12 | 1940 年 2 月 18 日 | 下午 1 點舉辦第十二回音樂會，在禮堂，下午 3 點閉會。 |
| 15 | 1943 年 2 月 28 日 | 由高雄高女愛國校友會下午 1 點在學校講堂舉辦第十五回音樂會。 |

來源：整理自歷年《臺灣日日新報》。

---

9　〈高雄高女のバザー　賣上は兵器獻納金へ〉，《臺灣日日新報》日刊（1932 年 2 月 4 日），第 3 版。

10　〈音樂とバサー高雄高女主催で〉，《臺灣日日新報》日刊（1933 年 2 月 6 日），第 7 版。

　　音樂會在講堂舉辦，同時外面會有「市集」進行擺攤或義賣活動，請學生親手製作手工藝品和裁縫作品，一方面展現學校藝能課程的教學作品，如家事烹飪、刺繡、造花、袋織和編織等作品，另一方面配合市集進行販售，最後將義賣集販賣所得捐出去作公益。如 1930 年 9 月 24 日上午 9 點在學校內舉行義賣活動，所賣的物品是成績獲得高分的裁縫作品和手工藝品，總共約 2,850 件作品，數量非常多，透過巧思的佈置擺設，陳列在一樓的四間教室裡。下午 4 點左右幾乎已被一掃而空。販賣的過程中，人造花一度被買光連庫存都不夠，學生只好加緊立刻當場製作補貨。[11]

圖 127　音樂會觀眾滿堂
來源：1943 年高雄高等女學校
　　　《卒業記念寫真帖》。

圖 128　音樂會學生表演
來源：1943 年高雄高等女學校《卒業記念寫真帖》。

---

11　〈高雄高女のバザー賣盡す〉，《臺灣日日新報》日刊（1930 年 9 月 26 日），
　　第 5 版。

圖 129　學生自己製作日の丸便當
來源：1935 年高雄高等女學校《卒業記念寫真帖》。

圖 130　市集中與高雄中學校
　　　　一起升火煮飯
來源：1935 年高雄高等女學校
　　　《卒業記念寫真帖》。

圖 131　學生作品展示
來源：1935 年高雄高等女學校
　　　《卒業記念寫真帖》。

圖 132　販賣手藝
來源：1935 年高雄高等女學校
　　　《卒業記念寫真帖》。

圖 133　高雄高女的市集
來源：《臺灣日日新報》日刊（1936
　　　年 2 月 17 日），第 5 版。

圖 134　園遊會
來源：1937 年高雄高等女學校
　　　《卒業記念寫真帖》。

圖 135　市集的會場
來源：1935 年高雄高等女學校《卒業記念寫真帖》。

　　義賣活動特別具有意義，賣出的金額捐出作公益，甚至奉獻給國
家，對學生來說是莫大的光榮，如 1932 年 2 月 7 日《臺灣日日新報》
報導：

**令人感動的女學生將人造花賣出所得金額捐出**

十九日晚上六點二十分左右，高雄市山下町派出所來了一位
年約十六、七歲的女學生。問他有什麼事，一句話也不說，
放下信封立刻就走。勤務中的大久保巡查馬上打開信封一
看，竟然裏面裝了兩圓和一張紙。紙上寫說「這是我賣人造
花的錢，雖然只有一點點，請務必收下。謝謝。」。大久保巡
查馬上登記下來。該**女學生**從田町或山下町方向走來，極大
可能是**高雄高等女學校三、四年級**的學生。

# 6-3　創校十週年紀念式

1934 年是高雄高女創校十週年，學校特別選定在 10 月份擴大舉
行十週年紀念式。這一場是高雄高女在日本時代唯一的創校大型紀念
活動，因為之後的創校二十年時遇到大東亞戰爭，在戰爭的威脅下
沒有辦法舉辦了。十週年紀念的暖身活動於 1934 年 10 月 20 日下午
1 點開始，許多來賓、家長都前來參加。活動一開始由本田校長致式
辭，接著由西澤知事的告辭來賓、卒業生的祝辭，最後由校方代表感
謝各界的祝電 [12]。動態學藝表演有筑紫の守、歌舞表演，活動一旁還有
靜態的學生習字作品展、圖畫展、精神作興展、全國鄉土玩具展、現
代名作家畫展等。

---

12 〈高雄高女の　記念學藝會〉，《臺灣日日新報》日刊（1934 年 10 月 21
日），第 3 版。

圖 136　戲劇表演「筑紫の守」
來源：1935 年高雄高等女學校《卒業記念寫真帖》。

圖 137　筑紫の守
來源：〈高雄高等女學校十周年記念學藝會──筑紫の守〉，第 7 版。

圖 138　學生習字展
來源：1935 年高雄高等女學校
　　　《卒業記念寫真帖》。

圖 139　精神作興展
來源：1935 年高雄高等女學校
　　　《卒業記念寫真帖》。

圖 140　畫展
來源：1935 年高雄高等女學校《卒業記念寫真帖》。

圖 141　現代名作家洋畫展
來源：1935 年高雄高等女學校《卒業記念寫真帖》。

圖 142　全國鄉土玩具展
來源：1935 年高雄高等女學校《卒業記念寫真帖》。

　　正式的活動，在隔天 21 日上午 10 點在講堂舉行「創校十週年紀
念典禮」，首先表揚十年勤續優良教職員，感謝他們在學校的辛勞付
出。根據臺灣總督府職員錄的統計，該年在高雄高女服務滿十年的教
職員有：雲林院祥次（11 年）、坂田惠之助（11 年）、小豆澤利之助
（10 年）、本田喜八（10 年）等四位老師。活動結束之後有水泳會、追
悼會、同窓會（同學會）總會等，還有其他附帶活動[13]，如：

1. 地方讀本的編纂

2. 國民精神作與資料蒐集

3. 卒業生修養團的設置

4. 同窓會館建設資金募集

5. 校友會及同窓會雜誌記念號發刊（同窓會雜地名稱《雁が音》）

6. 創立十週年紀念繪葉書調製

---

13　作者不詳，〈高雄教育通信──高雄高等女學校創立十週年記念式〉，《臺灣
　　教育》，（1934），頁 80。

圖 143 十年勤續職員表賞和學藝會
來源：1935 年高雄高等女學校
　　　《卒業記念寫真帖》。

圖 144 創立十週年紀念
　　　繪葉書
來源：廖明睿收藏。

圖 145 創立十週年紀念繪葉書
　　　來源：廖明睿收藏。

圖 146　創立十週年紀念繪葉書
來源：廖明睿收藏。

## 6-4　文藝活動

### ◎ 美術類展覽

　　舉辦「學藝會」可以展示學生作品、「音樂會」可以展演學生能力、「市集／園遊會」可以販賣學生作品，這三者可以展現新式教育的教學成果，不僅可以為學校的教學活動作宣傳，也可以增加學生的自信，凝聚學校的向心力。學校是展現學藝類活動的重要場地，當然也會是坊間各類展覽的首選場地，高雄高女舉辦過的美術類展覽有：高雄市臺灣展移動式展覽會、學校美術展覽會等：

表 23　高雄高女舉辦美術類展覽

| 時間 | 展覽主題 | 內容 |
| --- | --- | --- |
| 1933 年<br>11 月 23 日 | 高雄市臺灣展<br>移動式展覽會 | 為期 4 天，地點在**高雄高女**，展出的作品有獲得東洋書法特優的村澤夫人、林玉山、陳啟輝等十九件，西洋作品太齊春夫、李梅樹等三十一件，其他尚有大久保作次郎等人的傑出作品三十四件，供大家參觀。 |
| 1934 年<br>11 月 | 高雄州各級<br>學校美術展 | 高雄州內各級學校青年團，將舉行運動大會。除此之外連續 4 天於高雄高女講堂舉辦美術展覽會。展出的作品然全州內各級學校學生運用當地現有的材料來作畫、手工藝品、模型、水彩畫、臘筆畫、鉛筆畫、毛筆水墨畫等各式各樣的作品。有關作品的件數，小公學校各學年交出一件以上的作品，中等學校各學年交出五件以上的作品。估計會有一千多件的作品。非常期待展覽期間能有許多參觀者蒞臨指導。另外一般性的公開展覽時間到下午 5 點。但陳列的作品中，入選的五十多件作品，參觀者必須付入場費。大人 20 錢，中等學校學生 10 錢，小公學校學生 5 錢。 |
| 1934 年<br>11 月 22 日 | 學校美術<br>展覽會 | 假**高雄高女**講堂，開學校美術展覽會陳列品，共 4 日，全州下各學校生徒兒童，採該地材料，製造手工作品，及模型賽，水彩、色筆、鉛筆、毛筆等畫，而小公學校兒童，各學年出品一點以上，中等學校生徒，各學年五點以上，總計一千點，而開會後，將在三郡市，開移動展，又高雄州聯合青年團，訂來 22 日起三日間，在青年會館，開青年團工作品展覽會，出品物州下各市郡男女團員之裁縫、手藝品及團員考察製造鄉土的工藝品，農作物加工品、農產物標本學藝品，家庭副業作品等，多種類，現皆忙於製作，10 日集齊於市郡，然後送到州廳。 |
| 1939 年<br>2 月 4-6 日 | 學校美術展 | 高雄州主辦「學校美術展」，每天早上 9 點在**高雄高女**開始。 |

來源：整理自歷年《臺灣日日新報》。

## ◎ 七夕

　　學校生活裡還有一個活動很受大家期待，就是「七夕」。對日本文化而言，七夕是「許願日」，在日本的傳統習俗中，若將願望寫在七彩色紙中掛起來就實現。女學生會將想要實現的願望或祝福的話寫在小紙籤上，在七夕當天大家一起約好掛校園內的樹枝上，在炎熱的高雄夏天裡，南風輕輕吹撫，書籤隨風擺盪，如雪花般飄曳在校園內真是美不勝收。

圖 147　七夕
來源：1939 年高雄高等女學校
　　　《卒業記念寫真帖》。

圖 148　願望紙條繫枝條
來源：1939 年高雄高等女學校
　　　《卒業記念寫真帖》。

## 6-5　卒業式

　　卒業式是畢業典禮，卒業生就是畢業生。日本統治臺灣期間，物資普遍缺乏，大環境非常困苦，能夠順利完成四年的學業實在是不簡單，所以在三月底學校會隆重地為畢業生舉行卒業式。高雄高女於 1924 年創立，因此 1928 年才有第一屆的畢業生，該年 3 月 20 日早上 9 點舉行第一回卒業式，參與的來賓和家長很多，除了高雄州知事太田吾一之外，多為家長，還有來賓古賀三千人、齋藤市尹、大坪與

一、根津嘉義高女校長、鐸木直之助氏等人。典禮一開始先唱「君之代」國歌並朗讀天皇語錄。該屆畢業生代表本田綾子，由本田校長頒發畢業證書和獎狀，和家長打完招呼後，本田校長對畢業生說了如下勉勵的話語：

> 就如平常在校所言，各位要自重自愛。身為第一屆的畢業生，今後你們的一舉一動將為世人所注目。不僅會影響母校，更會影響學妹對未來的目標，所以責任重大。你們要時時刻刻記得身負重任，而如何盡到責任是需要深謀遠慮和正確的判斷力。希望各位今後能努力鑽研知識，完成女性應盡的任務。[14]

同時在會場旁也有卒業生作品展，展出的作品都是畢業生在校四年的學習成果，包含習字、圖書、插花等。當時的卒業式與現今的畢業典禮很類似，有一連串的典禮流程，流程如下：

1. 敬禮
2. 唱國歌
3. 學事報告
4. 授與畢業證書
5. 校長訓辭
6. 卒業生答辭
7. 卒業生唱畢業歌
8. 修業生唱送別歌

---

14 〈高雄高女の　第一回卒業式〉，《臺灣日日新報》日刊，1928 年 3 月 21 日第 7 版。

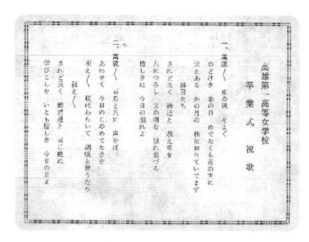

圖 149　高雄第一高等女學校卒業式祝歌

來源：1943 年高雄高等女學校《卒業記念寫真帖》。

圖 150　授與畢業證書
來源：1937 年高雄高等女學校
　　　　《卒業記念寫真帖》。

圖 151　授與畢業證書
來源：1938 年高雄高等女學校
　　　　《卒業記念寫真帖》。

圖 152　長官致辭
來源：1943 年高雄高等女學校
　　　　《卒業記念寫真帖》。

圖 153　卒業生致辭
來源：1943 年高雄高等女學校
　　　　《卒業記念寫真帖》。

圖 154　卒業生作品展——布偶作品
來源：1937 年高雄高等女學校
　　　《卒業記念寫真帖》。

圖 155　卒業生作品展——服飾作品
來源：1937 年高雄高等女學校
　　　《卒業記念寫真帖》。

圖 156　卒業生作品展——布衣作品
來源：1939 年高雄高等女學校
　　　《卒業記念寫真帖》。

圖 157　卒業生作品展——字畫、插
　　　花作品
來源：1942 年高雄高等女學校
　　　《卒業記念寫真帖》。

圖 158　卒業生作品展——裁縫作品
來源：1939 年高雄高等女學校
　　　《卒業記念寫真帖》。

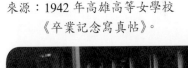

圖 159　お別れ（告別）
來源：1938 年高雄高等女學校
　　　《卒業記念寫真帖》。

　　順利畢業的同學，有以下幾項發展方向：第一可以繼續升學，但臺灣沒有女子大學或高等教育的機構[15]，必須到日本去深造；第二是選擇就業，多唸一年講習科（又稱補習科），經過三個月的實習，就可以當小學老師，1940年臺北和臺南兩所師範學校，提供高等女學校畢業生就讀的一年制講習科，1943年起師範學校成立女子部，提供更多高女學生畢業後的升學選擇；第三就是留家裡幫忙或準備結婚，在家相夫教子。據統計，高雄高女畢業生除少部分繼續升學之外，部分原因除了臺灣傳統不希望女子接受太高的教育階段，一部分也因為升學體制的設計，臺灣並沒有適合女子就讀的高等學校，1922年創立的「總督府臺北高等學校」也只收男生，所以女學生卒業後大部分是選擇留在家幫忙家務或做手工藝，甚至結婚、在家相夫教子，這也表示當時女子雖然受過現代中等教育，但還是在大環境仍「重男輕女」的氛圍中不容易有「出乎意外」的選擇。

圖 160　1932 年升學廣告
來源：《臺南新報》日刊（1932 年 2 月 9 日），第 5 版。

---

15　戰前臺灣女子的高等教育，較專門的屬 1931 年創設立的私立臺北女子高
　　等學院。雖然名字是學院，但屬於半教育性質的私人機構，不太算是官立
　　正式的學制。

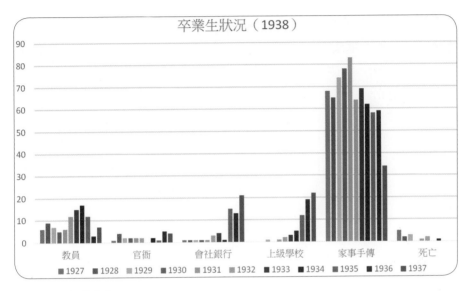

圖 161　卒業生狀況
來源：《昭和十三　高雄州立高雄高等女學校一覽》。

　　卒業式因為是團體集會，環境的衛生考量也很受重視，在 1930 年第三回的卒業式，當時高雄市「天花」蔓延，導致前來參加的典禮的來賓人數就減少許多。不僅高雄高女的畢業典禮如此，還有其他小公學校的畢業典禮也是因天花的關係，來賓、家長有所顧慮而未出席。

　　經過日本殖民的治理，20 世紀初葉開始臺灣公共衛生與醫療條件改善，不僅「死亡」人數下降，居住品質提高，生活水準也開始不同以往，高雄高女往「上級學校」繼續升學的人數逐年上升，顯示日本時代後期高雄高女學生追求更高學歷或受更高層次的教育之渴望，另外從事投入職場、服務業如「會社銀行」等人數也普遍提高，可以推測女性受中等教育畢業後的就業情況會明顯逐年改善。

# 7. 追趕跑跳碰——動感的青春

校園內除了靜態的課程之外，動態的活動也豐富了校園生活。這些活動內容相當豐富，包含「運動會」、「遠足／修學旅行」、「登山」等，活動的內容或次數每校都不一樣，大正開始後每個學校的課外活動項目都明顯趨向活躍而多元，有學者認為這顯然是因為體育運動已逐漸普及，女學生多能接受有關。[1] 根據各校的動態活動，以下將課外活動分為「運動競賽」（運動會、水泳大會、排球比賽）與「體能訓練」（遠足、修學旅行、登山、遠泳／臨海教育）等兩大類。

學校體操課之外的體能訓練是兼有訓練和娛樂的雙重性質，有些活動學校會列入例行性的行事曆中，是學生不可免除的課外活動，以及學校也以強制執行的態度要求學生配合，不過因為其趣味性高過正課，學生不但有高度的參與興趣，也可以跟體育教學結合。

## 7-1　運動競賽

### ◎「新式廟會」——運動會

對女學校來說，運動會一開始其實很不受家長歡迎，因為讓女兒參加運動比賽一點也不淑女，曾出現不少抗議聲浪。[2] 運動會並不是一開始就直接在學校中舉行，而是先從「遠足」開始，遠足是運動會的雛形，遠足融合行軍、遠足與體操遊戲而成，具有多重性格，後

---

1　游鑑明，〈日治時期臺灣學校女子體育的發展〉，《中央研究院近代史研究所集刊》，（33）（2000），頁 61。

2　竹中信子著，曾淑卿譯，《日治臺灣生活史：日本女人在臺灣——大正篇》，頁 382。

來再逐步轉往至學校附近或是校園中舉行。[3] 體能的訓練除了課程中正式的體操課之外，學校的體育教育為提升學生的學習興趣，往往加入競賽及娛樂性質的活動，以達到讓學生活動身體的目的，「運動會」就是其中的方式之一。運動會的舉行是在展現體能運動的成果，對學校來說，是全校性活動，也是學校的年度大事。運動會當天全校師生

圖 162　運動會的ダンス（dance）——個人
來源：1937 年高雄高等女學校《卒業記念寫真帖》。

圖 163　運動會的ダンス（dance）——團體
來源：1939 年高雄高等女學校《卒業記念寫真帖》。

---

3　金湘斌，〈運動慶典的形成——日治初期臺灣公學校運動會（1895～1911）〉，《運動文化研究》，（9）（2009），頁 115。

必須全體與會，全體師生均是運動員，家長和地方行攻長官常被邀請觀賞，所以每一次運動常吸引地方民眾圍觀，整個運動會在舉辦期間讓學校熱鬧非凡，透過這種熱鬧活動，也賦予運動會帶有「運動慶典」的性格。

運動會各校將之列為重要的訓育活動，一般包括每日必行的團體體操及定期舉行的校內運動會或班級對抗賽。根據許佩賢的研究指出，臺灣在 1897 年首次出現學校運動會，1900 年代後北部很多學校開始普及，1910 年後幾乎全臺各地學校都有舉行運動會的紀錄，1920 年代後，運動會更是頻繁舉行，大型的區域聯合運動會、中型的學校聯合運動會或小型的學校單獨之體育會不勝枚舉，[4] 女選手馳騁運動場更是屢見不鮮之事，女選手也多半是出自女子中等教育的訓練。

運動會具養護和團隊訓練的意義，成為每所學校必有的活動。高雄高女至 1929 年 11 月 10 日舉辦第一回運動會，之後每年舉辦的時間都會選在 11 月，主要天氣考量為主，[5] 該月對高雄的氣候來說是 11 月是舒服的秋天，東北季風還沒有很強盛，溫和的天氣可讓各項賽事順利進行。若更進一步檢視舉辦運動會的日子，更可以發現很多都是選擇在星期六、日，或是國定假日舉行，一方面有可能是方便長官來賓或學生家長參加，另一方面將運動會與平日的上課區分開，讓學生感受到節日的氛圍。[6]

---

4　許佩賢，《殖民地臺灣的近代學校》，頁 294。
5　金湘斌，〈運動慶典的形成──日治初期臺灣公學校運動會（1895～1911）〉，
　　頁 137。
6　許佩賢，《殖民地臺灣的近代學校》，頁 303。

圖 164　運動會的ダンス（dance）──團體
來源：1935 年高雄高等女學校《卒業記念寫真帖》。

　　運動會的舉辦有時也會結合國家祭典，舉例來說，如 11 月 3 日是天長節、11 月 23 日是新嘗祭或 2 月 11 日是紀元節等國定假日前後，都是舉行運動會的好時機。這些特意的安排，主事者希望透過這樣的結合與有意識的操作，將國家祭典所象徵的天皇制國家的觀念，與忠君愛國的志氣，在學校活動的場合中灌輸給學生，添加共同的記憶在身體裡面，甚至感染來參與的民眾。

表 24　高雄高女歷年運動會一覽表

| 回次 | 時間 | 相關報導 |
|---|---|---|
| 1 | 1929 年 11 月 5 日 | 高雄高女第一回陸上運動會在 11 月 5 日下午 1 點開始舉行。由升旗典禮、唱國歌揭開序幕。本田校長致開會詞後，分別有教職員、三和四年級學生的表演。最後頒發冠軍，並在全體的合唱，和本田校長的閉會詞中，結束這次的第一回陸上運動會。拜好天氣之賜，與會來賓有中島內務課長、家長和各界參觀人士約二百多人。[7] <br><br><br>圖 165　高雄高女の運動會<br>來源：《臺灣日日新報》日刊（1929 年 11 月 12 日），第 5 版。 |
| 2 | 1930 年 11 月 15 日 | 下午 1 點在操場進行第二回運動會，全體學生排列整齊參加升旗典禮。本田校長致詞後，比賽開始。從第一回的準備運動到第二十七回的行進繞場為止，全程輕快明確順利。4 點一到，公布比賽結果並舉閉幕典禮。這天秋高氣爽吸引許多家長到校觀賞。 |

---

7　〈色とりどりに　美しく賑つた　高雄高女第一回の陸上運動會〉，《臺灣日日新報》日刊（1929 年 11 月 10 日），第 5 版。

| 回次 | 時間 | 相關報導 |
|---|---|---|
| 4 | 1932 年 11 月 19 日 | 高雄高等女學校於 19 日下午 1 點開始在校內操場舉行運動會。按既定計畫整個過程進行順利，各學年分別舉行不同的田徑對抗賽。三年級在賽跑項目中獲得優勝，二年級在田賽項目中獲得優勝，總冠軍由三年級獲得。各學年得分如下：一年級 76 分、二年級 101 分、三年級 112 分、四年級六十多分。[8] 大會操動作優雅活發，富涵新時代女性的意義。下午 4 點在眾人熱烈參與的盛況中，結束這次的活動，與會的來賓大多是家長。<br><br>圖 166　隊伍排列<br>來源：〈高雄高女の入場式〉,《臺灣日日新報》日刊（1932 年 11 月 23 日），第 3 版。 |
| 5 | 1933 年 11 月 18 日 | 早上 9 點開始，舉辦運動會。下午 1 點半開始體育會。 |
| 7 | 1936 年 11 月 7 日 | 下午 12 點半由校友會主辦第七回運動會。 |
| 8 | 1938 年 2 月 12 日 | 下午 12 點半舉辦第八回運動會。 |
| 9 | 1938 年 11 月 20 日 | 在操場舉辦秋季運動會，當天秋高氣爽，許多來賓、家長到校參觀，盛況空前。 |
| 10 | 1939 年 11 月 5 日 | 下午 1 點半在校庭舉辦秋季大運動會。 |
| 12 | 1941 年 1 月 26 日 | 該日高雄商業學校也一起舉辦運動會。 |

來源：整理自歷年《臺灣日日新報》。

　　運動會基本上由開幕、運動競技／遊戲項目、閉幕三大部分組成。開幕前會有受付與各種準備活動，活動開幕時會長官致辭，會在典禮中豎立校旗，強調學校作為「國家代理人」的角色，向臺灣人宣

---

8　〈高雄高女運動會〉,《臺灣日日新報》日刊（1932 年 11 月 22 日），第 3 版。

達日本國家精神，接著演說各種式辭、合唱皇御國、賞品授與式、合唱君之代、萬歲三唱，並跳圈圈舞來慶祝，充分反映運動中的宗教儀式。值得一提的是，現今高雄女中的運動會結束時還看得到圈圈舞。

圖 167 受付
來源：1938 年高雄高等女學校《卒業記念寫真帖》。

圖 168 來賓席的一部分場景
來源：1938 年高雄高等女學校《卒業記念寫真帖》。

圖 169　球類競技
來源：1937 年高雄高等女學校
　　　《卒業記念寫真帖》。

圖 170　球類競技
來源：1938 年高雄高等女學校
　　　《卒業記念寫真帖》。

圖 171　田徑
來源：1942 年高雄高等女學校
　　　《卒業記念寫真帖》。

圖 172　趣味競賽
來源：1942 年高雄高等女學校
　　　《卒業記念寫真帖》。

圖 173　跨欄競賽
來源：1939 年高雄高等女學校《卒業記念寫真帖》。

圖 174　全校合同體操
來源：1937 年高雄高等女學校《卒業記念寫真帖》。

圖 175　運動會個人優勝獲獎
來源：1937 年高雄高等女學校
　　　《卒業記念寫真帖》。

圖 176　運動會團體優勝獲獎
來源：1937 年高雄高等女學校
　　　《卒業記念寫真帖》。

　　全校職員生整列形成「分列式」，這種列隊運動由教職員整隊，然後行進操場進行閱典，展現統治者對於學校教育及教化的成果，與軍隊閱兵的性質有相似之處，[9]也意味著運動會的源起本身就與軍事教化、兵式體操有著極大的關聯性。結束時，全體齊聚會場，頒發獎品、獎旗和點心，最後由校長致詞並宣告結束。運動會上結合國家禮儀、皇族、國旗、國歌等象徵的運動行事，可視為強化同意國家秩序，並巧妙之機能把學生做為國家一體化之裝置，充分展現日本殖民政竭力欲透過「運動會」來達到展示空間，體現出滿足其殖民教化與改造身體的社會文化價值觀，與認同日本天皇制國家行為的一種表現途徑。[10]透過運動競技項目以及趣味競賽等各種活動，在好奇心的驅使下成功吸引臺灣民眾的注目，讓家長安心地把女學生安排給學校受教育。教育當局會利用運動會，來宣傳新學校、新教育，甚至讓運動會添加了「教化」、「啟蒙」的功能。

圖 177　四年生分列式
來源：1937 年高雄高等女學校
　　　《卒業記念寫真帖》。

圖 178　校閱全校師生
來源：1943 年高雄高等女學校
　　　《卒業記念寫真帖》。

---

9　林丁國，〈從日記資料析論日治時期臺日人士的體育活動〉，《運動文化研究》，（22）（2013），頁 89。

10　金湘斌，〈運動慶典的形成──日治初期臺灣公學校運動會（1895～1911）〉，頁 113。

圖 179　分列式校閱
來源：1938 年高雄高等女學校《卒業記念寫真帖》。

　　有趣的是，雖然學校老師在平常是非常嚴格的授課，但在運動會時會跟學生打成一片，一改以往嚴肅的表情，而且會一同參加教職員的競技比賽，雖然名為「競技」，實則趣味性質居多，甚至在活動中不僅引來眾多學生圍觀，比賽過程中老師們出錯出糗了，就會引起圍觀學生哄堂大笑，無形中拉近了彼此的距離。

圖 180　教職員的競技
來源：1938 年高雄高等女學校《卒業記念寫真帖》。

圖 181　教職員的競技
來源：1939 年高雄高等女學校
　　　《卒業記念寫真帖》。

圖 182　閉幕降旗
來源：1942 年高雄高等女學校
　　　《卒業記念寫真帖》。

## ◎ 水泳大會

　　高雄高女每年會在校內游泳池舉辦「水泳會」，大概類似今日的
游泳比賽，透過競賽的方式訓練學生強健體魄，控制學生的身體來達
到規訓的目的。水泳會是全校參加的盛會，通常是在夏天舉辦，在比
賽的過程中有個人與班際分別對抗，也有趣味競賽，如在水中比誰較
快拿到西瓜等，過程熱鬧有趣，也為南國的盛暑增添一絲涼意。

圖 183　活動開幕
來源：1942 年高雄高等女學校
　　　《卒業記念寫真帖》。

圖 184　比賽開始
來源：1942 年高雄高等女學校
　　　《卒業記念寫真帖》。

圖 185　優勝得獎
來源：1937 年高雄高等女學校
　　　《卒業記念寫真帖》。

圖 186　水泳班際對抗
來源：1938 年高雄高等女學校
　　　《卒業記念寫真帖》。

圖 187　比賽實況
來源：1935 年高雄高等女學校
　　　《卒業記念寫真帖》。

圖 188　頒獎
來源：1943 年高雄高等女學校
　　　《卒業記念寫真帖》。

圖 189　趣味競賽──西瓜取り
來源：1938 年高雄高等女學校《卒業記念寫真帖》。

## 7-2　體能訓練

除了學校規定的正式體操課、運動競賽（如運動會、水泳大會）以外，學生也會在課後從事各種體育活動，包含網球、舞蹈、千米快跑、拔河、排球、籃球、田徑運動、游泳、戶外運動等，跟增強體能有關而被列為「體能訓練」的活動更有：大遠足、修學旅行、登山、遠泳／臨海教育等，這些活動在各校的舉辦狀況與發展不盡相同，也會隨著學校所在空間而因地制宜。一方面隨著纏足女子的減少和社會風氣的開放，參加遠足或修學旅行的女學生日益增加，另一方面此類活動所具備的訓育意義有培養團隊精神、增廣見聞、鍛鍊身體，所以各校幾乎都會將之其列為訓育的主要活動之一，如出發前接受訓話，過程中注重禮儀，返校後再聆聽訓話，使學生在旅行當中能夠實踐在校內所學的群育。

### ◎ 大遠足

「遠足」是學校的例行性徒步活動，是體育課訓練成果的最佳展現時機。1884 年在日本出現「遠足」一詞，日本學者柳政太郎將其定義為：「遠足是在校外透過長距離的步行，使學生得到身心的鍛鍊，獲取自然與文化財等在教室內難以得到的經驗，具備教育性意義的學校活動。」[11] 臺灣最早舉行遠足運動的是 1896 年 12 月 12 日，由國語學校第一附屬學校舉辦，由老師帶領學生從學校出發至和尚洲（今蘆洲）。遠足實行的行軍、運動、遊戲，可以讓學生在參加的同時，不自覺地運動身體、增進體能、吸收知識和活化學生之精神，可達到

---

11　徐佑驊、林雅慧、齊藤啟介，《日治臺灣生活事情》（臺北：翰蘆圖書，2016），頁 121。

潛移默化的功效。[12] 高等女學校的遠足活動,最早是於 1927-1928 年間,由臺北第三高等女學校推動與試行,[13] 後來也有以觀摩為名,讓學生至博物館、電話交換局、專賣局和會社工場參觀,由於花費不多,參加的學生非常踴躍。[14] 此一活動充分顯示受過中等教育的女學生與傳統女性截然不同的一面,深受當時社會各界矚目。

　　一般來說,遠足較具挑戰性。遠足事前學校會為全體學生進行體力檢定、事前練習,遠足當日,校長和醫護人員也會隨隊前行。雖然是一種徒步活動,但也會考量學生的年齡和體力,來安排最適的活動範圍,通常以寺廟、神社、公園、海濱或山區為目的地,也會因為各學校所在地點不同而調整行程。安排這些學生活動就是能夠滿足學生不同能力的需求,以及增進課本以外的知識,也由此可見遠足成為考驗女學生耐力的活動之一。

　　高雄高女的遠足旅行在歷史紀錄上可以發現,大都舉辦在一月底,高雄的冬天不容易下雨,若無東北季風來襲就是涼爽宜人的季節,最早的遠足旅行舉辦在 1925 年 1 月 30 日,參加人員為全體一年級生與全校教職員,由於第一次試辦效果良好,成績頗佳,後來就成為高雄高女每年的例行性活動。每次的遠足都是天未亮就集合出發,沿路的隊伍絕對是整齊不散漫,行進間會搭配唱軍歌來提振士氣,沿路大、小休息數次不等,每次遠足校長和老師是非常在乎學生的整體

---

12　金湘斌,〈運動慶典的形成——日治初期臺灣公學校運動會(1895～1911)〉,頁 123。

13　先以淡水、基隆為目的,藉以訓練學生吃苦耐勞的精神,因行程甚遠,遠足之前必須進行體能檢查,再依個人體力分成不同里程的隊伍,行前一個月開始每天練習四公里的徒步行走。遠足當天,一路上有醫護人員護送,中途設有長、短程休息站與救護隊。

14　游鑑明,〈日據時期臺灣的女子教育〉,頁 179。

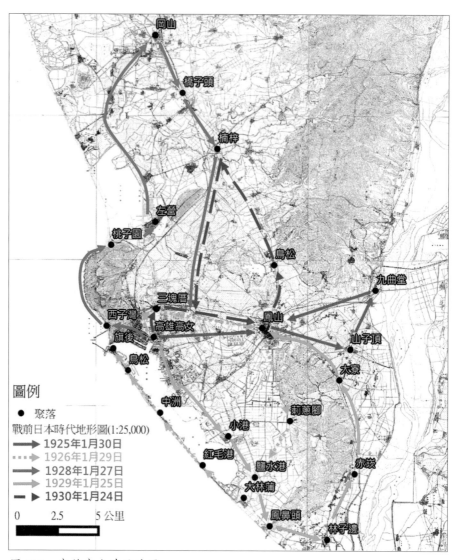

圖 190　高雄高女遠足地圖

註：　1925、1926 年高雄高女仍暫借鹽埕埔的第一尋常小學校上課。因圖幅
　　　限制以及為求統一，1927 年的新校區也在鹽埕附近，本圖統一由新校
　　　區為出發起點。底圖為 1944 年〈二萬五千分之一地形圖〉，筆者改繪。

表現，在允許的情況下幾乎都要求學生能夠全部跟上隊伍，除了展現軍事化的訓練成果外，每次遠足的里程數與行旅時間之成績，也是平常學校體育課用心訓練的結果。大遠足很辛苦，沿路的家長跟民眾會熱心提供食物，中餐不少是自己事先準備壽司和開水，也有機會是學生自己烹煮，展現平時學校家事課的成果。

　　遠足的地點也遍及現今大高雄地區，包含高雄港、鳳山、九曲堂、鳥松、楠梓、左營、岡山等地，停駐的名勝景點位曾有左營舊城啟文門、糖廠、左營公學校、旗後第一公學校等，這些地點可以補充學生的地方性歷史與地理的知識，也是課本內的知識延伸，更可以藉由實地探訪與了解，促進學生愛護鄉土，可謂早期略具縐形的本土環境教育，也可類比於今日之地理實察。遠足的時間地點之報導請詳見附錄。

圖 191 「吉井商行[15] 所有地」集合
來源：1935 年高雄高等女學校
　　　　《卒業記念寫真帖》。

圖 192 「銀舩茶房」前集合
來源：1937 年高雄高等女學校
　　　　《卒業記念寫真帖》。

---

15 吉井商行成立於 1938 年，由吉井長平、善介、清七兄弟三人出資近二十萬圓，長平的出資佔一半；業務包括不動產買賣、證券，以百貨店的經營為主。

圖193 「御下宿」旁集合
來源：1938年高雄高等女學校
　　　《卒業記念寫真帖》。

圖194 一大清晨集合
來源：1939年高雄高等女學校
　　　《卒業記念寫真帖》。

圖195 行經蔗園
來源：1935年高雄高等女學校
　　　《卒業記念寫真帖》。

圖196 糖廠
來源：1935年高雄高等女學校
　　　《卒業記念寫真帖》。

圖197 行經水域
來源：1935年高雄高等女學校
　　　《卒業記念寫真帖》。

圖198 行經吊橋
來源：1937年高雄高等女學校
　　　《卒業記念寫真帖》。

圖 199　左營公學校
來源：1938 年高雄高等女學校
　　　　《卒業記念寫真帖》。

圖 200　左營公學校
來源：1942 年高雄高等女學校
　　　　《卒業記念寫真帖》。

圖 201　啟文門（左營舊城南門）
來源：1937 年高雄高等女學校
　　　　《卒業記念寫真帖》。

圖 202　鳳山郡
來源：1942 年高雄高等女學校
　　　　《卒業記念寫真帖》。

圖 203　鳳山丘陵
來源：1942 年高雄高等女學校
　　　　《卒業記念寫真帖》。

圖 204　隨隊老師中途休憩
來源：1939 年高雄高等女學校
　　　　《卒業記念寫真帖》。

大遠足是戶外教學的展現，可以補充學生的地方性歷史與地理的知識，也是課本內的知識延伸，更可以藉由實地探訪與了解，提升鄉土與國家認同感，生發愛護鄉土與保護家國的忠心。高雄高女的遠足範圍幾次選在高雄港周邊進行，利用學校周邊的環境條件進行實地教學，可謂早期略具雛形的「本土環境教育」，在遠足中落實今日的地理實察。強化學校內體操課欲傳達的「團體秩序」概念，容易使學生不知不覺地進入殖民者所塑造的「規律＝文明」的世界。遠足中並沒有刻意安排唱歌活動，但唱歌的舉動也悄悄深植每位參與學生心中；透過齊唱的歌聲與整

圖 205　參拜神社大合照
來源：1937 年高雄高等女學校
　　　《卒業記念寫真帖》。

圖 206　參拜神社
來源：1939 年高雄高等女學校
　　　《卒業記念寫真帖》。

齊的步伐，將個人情感轉為集體性的詮釋，更容易達到交錯於團體和個人情緒間的共鳴，雖然個體情緒捉摸不定、強弱不一，但透過團體齊唱，將其一致化、單一化、規訓化，學生的身體律動配合情緒上的共鳴，而路旁的民眾或家長也會深受其感染，無形中就建構出殖民者欲達到的「團體」的統合，[16] 個人融入團體，高雄融入日本，南方融入全島，原始融入現代，也利宣達殖民新式教育的成功。

---

16　徐佑驊、林雅慧、齊藤啟介，《日治臺灣生活事情》，頁 124。

## ◎ 修學旅行

「修學旅行」與「遠足」意義類似，兩者都可以培養團隊精神、增廣見聞和鍛鍊身體。[17] 有人認為本來的行軍遠足，經過演變後來成為修學旅行，也有人認為兩者的差異在於，遠足是當天往返、進行不過夜的步行訓練；修學旅行是伴隨過夜，兼具遠足與野外教學，以獲得歷史、地理的學術知識為主，多為學術參訪兼作休閒活動，距離較遠且時間較長，讓學生走出教室，進入社會，體驗真實生活，進一步將課本內容立體化，構築對該地的認知網絡。不過不管如何，兩者都是走出教室，體驗這塊土地，所以有時也可以見到跨區的旅行仍然稱為遠足的例子。

修學即是「學習」的意思，修學旅行的目的在於增廣見聞、鍛鍊身體與培養團隊精神，因此在行程的安排上，必定是精心規劃。[18] 有學者認為修學旅行的型態與今日的「戶外教學／畢業旅行」相似，每一屆前往的地區也不盡相同。[19] 舉辦時間安排在非上課時段，有延伸教學的意涵，也將學習的觸角延伸到教室外，學習的內容不是被制式的安排在課本上，知識的傳遞不全然由老師單向進行，修學旅行是老師與學生必須共同參與的，而學生的積極參與，以主動學習與實踐的方式，取代以往被動的知識接收。相較於被臺灣民眾視為玩樂的體操課和音樂課，修學旅行被視為是學校教育向戶外延伸，是綜合休閒與學校教育的複合體。[20]

---

17 游鑑明，〈日治時期臺灣學校女子體育的發展〉，頁 29。
18 劉方瑀，〈被選擇的臺灣——日治時期臺灣形象建構〉（臺南：國立成功大學歷史學系碩博士班碩士論文，2004），頁 69。
19 林雅慧，〈「修」臺灣「學」日本：日治時期臺灣修學旅行之研究〉，頁 47。
20 徐佑驊、林雅慧、齊藤啟介，《日治臺灣生活事情》，頁 139。

　　此活動早在 18 世紀歐洲的上層社會，已經有由家庭教師帶領貴族子弟前往各國旅行，學習異文化的習慣。後來在日本 1886 年由東京師範學校實施的長距離遠足算起，一開始動機是作為學生的軍事訓練用途，[21] 與歐洲有著不同型態的表現，後來 1887 年「修學旅行」由高等師範學校正式命名，1888 年日本文部省教育令首次公告「尋常師範學校設備準則」，修學旅行開始普及到各級學校。

　　日本統治臺灣後，隨著新式教育在臺灣的推展，修學旅行的概念與制度也傳入臺灣。修學旅行須導入體能訓練的範疇，旅行過程雖大多以車舟代步，但也不乏健行、登山的活動。或者在島內旅行時，針對交通工具未及之地，則採步行前往，如此也可以達到運動的效果，甚至透過活動，從精神和身體層面都可以逐漸同化殖民地民眾。[22] 1933 年修法，將修學旅行之日數列入授課日數計算，原因在於修學旅行是用以培養學生觀察、應用之能力，能更進一步提升學習效果，所以其重要性和平常學業並無任何差異。

　　各學校的修學旅行地點隨學校所在的位置而異，島內與海外都有，島內又可分為環島、或北校南下、南校北上等方式。有些修學旅行舉辦時間多在秋、冬季，因為臺灣本島的這兩個季節較為涼爽，雨季也結束，也有利用寒暑假期、學期結束或運動會前後舉辦。行程約一至四日都有，參觀的地區有各地的名勝古蹟、工廠、學校、神社、寺廟或軍事基地等，因費用較高，參加者不如遠足的多。[23]

　　根據紀錄，高雄高女舉辦的修學旅行舉辦時間多在秋、冬兩季，參與的年級有一到四年級，旅行的天數也有單天，也有過夜的好幾

---

21　蔣竹山，《島嶼浮世繪：日治臺灣的大眾生活》，頁 86。
22　蔣竹山，《島嶼浮世繪：日治臺灣的大眾生活》，頁 88。
23　游鑑明，〈日治時期臺灣學校女子體育的發展〉，頁 29。

天。行程很多元，有產業（林業、鹽業）、軍事（臺南聯隊見學）、宗教（臺灣神社參拜），修學旅行雖然有時會因為不同學校，而有不同的旅行地點選擇，但無論到何處旅行，都必然會有參觀一個非常重要的景點——神社，在神道就是國教的大政策下，參拜神社就無關乎個人信仰了，而是日本國民的義務。

　　隨著年級越高，旅行延伸的距離也越遠，空間上有近距離／小尺度的高雄境內，如岡山、路竹，有遠距離／大尺度到嘉義、臺南、北部等，有離島的澎湖臨海教育，更是有到內地日本去的旅行，學生被帶到象徵進步文明的日本大城市，無論工業化或車水馬龍，都會讓臺灣來的學生感到新鮮和好奇，無需官方刻意去強調，學生自己就能隱約地察覺臺灣與日本之間存在的差距，旅行者自然「眼見為憑」，進而證明殖民母國的強大。

圖 207　修學旅行（臺灣神社）
來源：1943 年高雄高等女學校《卒業記念寫真帖》。

表 25　高雄高女歷年大遠足一覽表 [24]

| 時間 | 地點 |
|---|---|
| 1925 年 12 月 19 日 | 二年級生早上 5 點 30 分出發到**嘉義營林所**、**烏樹鹽田**。一年級生早上 8 點出發到**岡山**、**路竹**。當日往返。 |
| 1926 年 7 月 21 日 | 由本田校長和 4 名教師率領 13 位學生至澎湖，進行為期一週的臨海教育。[24] |
| 1927 年 10 月 17 日 | 學校教師 4 名率六十多位學生進行校外見學，到**臺中市**各地參觀，18 日早上 9 點 22 分從**臺中**出發到**臺北**。 |
| 1930 年 11 月 4、5 日 | 由 2 名教師率三年級學生 39 位，到**臺南**、**嘉義**等地進行修學旅行。 |
| 1930 年 10 月 19-21 日 | 高雄高女有 19 名補習科學生到**阿里山**進行修學旅行。 |
| 1931 年 8 月 | （高雄電話採訪）前陣子高雄高女學生 25 人，到日本內地福岡、廣島、京阪神、伊勢、名古屋、東京等地參觀學習，進行修學旅行。8 月 5 日在東京雖有一些小小的意外，所幸無人受傷，大家平安結束旅行回臺。 |
| 1932 年 10 月 22 日 | 早上 8 點 10 分高雄高等女學校四年級生徒跟野中、雲林院教師到**北部**進行修學旅行。 |

來源：整理自歷年《臺灣日日新報》。

　　制服是學校的象徵，到外面從事修學旅行，自然就要穿著學校制服，以及全體都穿著相同的服裝，看起來也比較整齊劃一，容易辨識，符合學生該有的形象，[25] 所以高雄高女每一位學生都穿著整齊制服參加修學旅行。

---

24 〈澎湖だより（二十日馬公發）／高雄高女臨海教授〉，《臺灣日日新報》日刊（1926 年 7 月 21 日），第 5 版。

25 彭威翔，《日治時期臺灣學校制服之研究》，頁 170。

其他學校的學生也曾參訪高雄高女,如 1924 年 10 月臺中高女老師帶學生修學旅行,81 名三年級學生,13 日從臺南抵高雄,參觀高雄港防波堤、砲臺基地後,參訪高雄高女,在高雄住一晚後,前往屏東製糖所、鳳山無線電信見學,25 日返臺中。[26] 又如 1925 年 2 月臺南第一高女三百多名學生參遠行高雄,20 日早上 4 點半從臺南出發,下午 5 點到高雄,由高雄高女本田校長率職員出迎,後來邀請至高雄高女一起吃晚餐,最後搭乘晚上 7 點 44 分的列車返回臺南。[27]

日本統治後期隨著太平洋戰爭爆發,遠足活動開始受影響,當時常帶學生去看飛機,如臺南聯隊見學,戰況日趨嚴重後終止修學旅行的活動,戰後修學旅行被「校外教學」和「畢業旅行」取代,但這些活動在形式或內容上,多少都延續了日本時代修學旅行的精髓。[28]

圖 208　臺南聯隊見學
來源:1937 年高雄高等女學校《卒業記念寫真帖》。

---

26 〈午後は　高雄の築港　と學校を〉,《臺灣日日新報》日刊(1924 年 10 月 26 日),第 2 版。
27 〈高女遠行高雄〉,《臺南新報》日刊(1925 年 2 月 22 日),第 9 版。
28 蔣竹山,《島嶼浮世繪:日治臺灣的大眾生活》,頁 96。

## ◎ 登山

離開學校而從事的課外活動中，以步行移動的運動型態有遠足、修學旅行、行軍或登山等，登山與前面三者不同，強調空間的轉移是向上、往高處的，而非一般平面移動，所以更顯其特別。日本統治臺灣初期，因為蕃人之害，嚴格禁止一般民人進行山地，當時能進入高山的多是軍公警或學術探險者。1897 年已有男學生攀登臺北觀音山、大屯山和七星山的紀錄，女學生則因為纏足的體位限制，加上認為女性登高山是不潔的傳統觀念影響之故，一開始僅簡單的從事登山活動，如 1917 年臺北高等小學校 160 女學生在學校老師的帶領下，爬草山（今陽明山）進行郊外教學，1918 年 2 月 21 日臺北高等女學校試辦全校三百多名師生攀登大屯山的活動。不過因為各校的狀況不一，登山等課外活動的內容或活動次數也無硬性規定，也就是說，登山共非每校共同和必須實施的課目。

日人穩定地統治臺灣後，對於臺灣這塊殖民地充滿很多好奇，而臺灣的玉山又是東亞最高的山，當時以探險和研究方式登頂，並更改山名為「新高山」，這個名稱是相對日本富士山而來，宣示臺灣是日本國土往南延伸的一部分，同時彰顯天皇神威與不可侵犯性。在新「臺灣八景」的票選活動中，也被指定為具有神聖意義的「靈峰」，更是日本在臺灣實施新式教育的同時，「新高山」被列為國語讀本的教材，所以能夠攀登新高山，就突顯殖民主義和近代化兩種力量的拉扯痕跡。[29]

大正年間，因為理蕃順利和登山道路修築，加上殖民政府的塑造，參與登山的人擴展到普羅大眾，登山活動成為日本時代中期民

---

29 蔣竹山，《島嶼浮世繪：日治臺灣的大眾生活》，頁 301。

間的一項熱門休閒活動。[30] 根據文獻資料顯示最早登上新高山的女學生團體為「彰化高女」，1924 年 7 月彰化高等女學校 13 位有志之士成功攀登新高山登上新聞，從志願者嚴選出來的 13 人跟隨老師一同登頂，並在山頂放置紀念物，[31] 這件事立即在女學校之間傳開，後續接著也有不少女學生團體登山，如臺北第一高女、第二高女、嘉義高女、臺南第一高女等校學生，[32] 挑戰的山脈不僅有新高山、合歡山，也有阿里山等，因為活動舉辦成效良好，遂成為各校每年例行性活動。「新高山」是日本時代臺灣女學生最常攀登的高山，但並非所有女學生都有機會能夠登上新高山。每個人在出發之前都必須經過嚴格的身體檢查，而且由於高山住宿及入山規定的受限，能夠參與的人真的是少數，其中又以日籍女生為主。

登山活動很多是學校成立的「校友會」所主辦，校友會多半是由校長擔任會長，教職員擔任部門會長加以輔導，加入的成員需繳交會費及年費，金額各校自行決定，有這些費用才有利活動順利進行，於課外時間從事活動，以提供學生活動的另一片空間。高雄高女的「登山部」於 1924 年成立，全校都是基本會員，野中松平教諭為代表者，主要舉辦的活動內容有「長途遠足」和「登山」，登山的時間選在暑休的 7 月份，為期近乎一星期，登山的選擇有「新高山」與「合歡山」。[33]

---

30　游鑑明，〈日據時期臺灣的女子教育〉，頁 182。

31　竹中信子著，曾淑卿譯，《日治臺灣生活史：日本女人在臺灣——大正篇》，頁 321。

32　林玫君，〈日治時期臺灣女學生的登山活動——以攀登「新高山」為例〉，頁 212。

33　游鑑明，〈日治時期臺灣學校女子體育的發展〉，頁 34。

　　文字紀錄上，1932 年 7 月 11-16 日高雄高女 19 名學生申請登新高山、1939 年 7 月 1 日高雄高女登新高山、[34] 1941 年夏休高雄高女 29 名，登山目的「體位向上」[35] 等。其中 1939 年的那次登山活動，國家定調為「興亞的夏季」，因為前事戰事持續升溫，為了使國民有強健的體魄，以新高山為目標，男女學生成群結隊陸續登山，7 月 4 日《臺灣日日新報》報導：

> 一日高雄高女、三日臺北三女和臺南二女、四日臺南一女，陸陸續續從全島各地到嘉義集合，陽光普照晴空萬里，體驗出征將兵的辛勞，眺望戰後的山景。申請七月中旬入山者有六百多人，預估今年九月前會超過二千多人。令人感到高興的事是根據嘉義達達加高山族駐在巡查所的調查，去年登山者三千多人，比事件發生前多了七、八百人。營林所運輸部門決定第三個星期天開始行駛登山列車。

　　學校將登山視為體操科之課外活動一環，日本統治初期只在臺北近郊的低山丘陵區活動。也有學校直接以攀登高山作為修學旅行的目的，[36] 透過登山，也達到「養護身體」之作用。學校也利用山區高海拔的優勢，在夏休時邀集學生登山，進行熱帶地學生保健和養護工作，有助於提升抵抗力和體力，所以學生的身體在經過一次次的登山、健行，逐漸被改造成為日本政府眼中，近似於達爾文進化論裡「富國強

---

34 〈日本一の新高山へ　靈峰目差す登山者の群　連日嘉義驛から入山〉，《臺灣日日新報》日刊（1939 年 7 月 4 日），第 5 版。

35 〈夏山に鍛へる人々　新高の入山許可申請激增〉，《臺灣日日新報》日刊（1941 年 6 月 9 日），第 4 版。

36 林雅慧，〈「修」臺灣「學」日本：日治時期臺灣修學旅行之研究〉，頁 35。

種」的形象。[37]

登山活動與休閒時間有很大的關聯性，登山活動多在暑假或夏休進行，這假期通常長達一個半月，如此長的放假時間對於學校進行高山的攀登有很大的幫助。有學者認為，臺灣的登山活動發展回溯日本跟英國其實很類似，因為英國的登山活動是一種需要「有錢和有閒」的高消費活動，登山活動花費是非常可觀，以坊間主辦的登山活動來說，每趟高山攀登平均得花上三十圓左右，登山也是將時間消耗於不事生產的活動上，以及加上在日本的登山者幾乎都是受過新式西化教育的知識分子，所以登山活動在金錢方面就足以證明是供應閒暇生活的階層，也確定成為「文明現代人」的一種表徵。[38]

圖 209　新高登山
來源：1942 年高雄高等女學校
　　　《卒業記念寫真帖》。

圖 210　合歡山登山
來源：1942 年高雄高等女學校
　　　《卒業記念寫真帖》。

---

37　林玫君，〈健康、實學與教化──日治時期臺灣公學校登山活動的論述分析〉，《臺中技術學院人文社會學報》，（5）（2006），頁 76。

38　林玫君，〈日本帝國主義下的臺灣登山活動〉（臺北：國立臺灣師範大學體育學系博士論文，2004），頁 95。

　　登山活動裝備需要齊全才能克服高山的環境。原則上登山用具要有制服、戴笠帽、綁腿、足袋、背包等齊全的高山設備才行，不過從高雄高女的學生照片得知，她們都只穿與平日上課並無異的短袖與短裙，甚至還穿著平地皮鞋，服裝和物品都是日常生活的延伸而已，裝扮和平地的樣貌相同，依舊是穿學校制服，無法想像學生如何克服自然環境的冷烈和急劇變化，還是為了拍照而特地換上正式服裝？大概這些問題的解答只有實際登上高山的女學生們才知道。

　　總計日本時代進入高山的女學生不多，但登山的好處是備受肯定。登山的活動可以鼓舞青年冒險的精神，以便為國家和社會成就大事業，登山的過程也可以呼吸山中新鮮空氣，郊外教育以達直接學習相關課程的智育目的，對身體健康有莫大的幫助，身體鍛鍊之體育訓練和團體生活之群育學習更是登山標榜的重要價值，除了訓練有形的身體以形塑日本國民性格，在精神層面更是精神上的修鍊、涵養，欣賞山岳的變化的美育情操，所以登山整體被形塑成正向的活動。在登山的過程中，雖以動態的體能活動為主體，但也增加很多見學的機會，在其中遠足、植物採集、修學旅行等「實物教育」概念中開始發展。[39]

　　後期進入戰爭體制，登山活動更是呼應國民鍛鍊強健體魄的政策，被當局視為鍛鍊戰線後方軍隊的方法，當局非常高興。所以在1930年代末期夏季登山活動年輕族群一直逐年增加，尤其是從7月到9月的這三個月期間，是登山客最多的時候。越是接近暑假，申請入山許可證的人數更是在短短的幾天當中暴增。根據1941年6月5日州理審課的報告，該年夏季登山從6月1日起，以高雄高女29名

---

39　孫嘉吟，〈日治時期學生跨地域旅行研究〉（臺北：國立臺灣師範大學臺灣史研究所碩士論文，2015），頁14。

位居第一，其他基隆、臺北、臺中、屏東等全島各地的男女中等學校學生、教育會會員、山岳會會員等各界團體陸續登山。[40]

　　這個活動對中學生的的體力而言是極大的挑戰，女學生的「柔弱」居然可以征服高山的「剛強」，以現今的升學主義的角度看來，登新高山不會出現在考試內容，家長也不一定放心或隨行，而且帶隊老師要承擔所有的風險與責任，但這個活動相信會是當時所有參與學生一輩字最難忘的回憶，女生開始有機會走出戶外，擴大了女性的移動範圍，對高雄高女或者臺灣的女子教育來說，也真的是很值得「風華再現」的活動。

## ◎ 臨海教育、遠泳

　　日本時代的臺灣，有一種到海邊游泳的學習活動，特別會在暑假舉辦，稱為「臨海教育」，此活動還有類似的用語，比如：「臨海教授」、「海濱教授」、「海濱訓練」等[41]（以下統稱臨海教育）。陳羿戎等（2015）認為臨海教育大約形成於 1907-1915 年間，學生可以藉由到海邊行海水浴，游泳練習之餘，可了解如何親近海洋、學習長泳、訓練水難救助[42]、體驗漁民生活，充分發揮「體驗教育」的效果，老師藉此也實地教授海洋或當地相關的地理、歷史、理科等知識，[43] 達成「到處皆教室」的教育目標。[44]

---

40 〈夏山に鍛へる人人　新高の入山許可申請激增〉，《臺灣日日新報》日刊（1941 年 6 月 9 日），第 4 版。

41 陳羿戎、林玫君，〈「光榮犧牲」的省思：1939 年嘉義高女水難事件之議論〉，《體育學報》，48（3）（2015），頁 323。

42 〈高雄高女生の非常時救護演習　軍隊的の　行軍を遣りつつ〉，《臺灣日日新報》日刊（1933 年 2 月 9 日），第 3 版。

43 鄭人豪，〈日治時期臺灣游泳運動史之研究〉，頁 77。

44 鄭人豪，〈日治時期臺灣游泳運動史之研究〉，頁 140。

　　日本明治維新後追隨西方國家提倡的「海水浴」，強調水的潔淨，能夠促進血液循環和有助消化，海水浴可比單純的游泳多了日光和海水為浴的元素，有助於身體的新陳代謝和活力增進，日本領臺初期必須克服熱帶氣候的不適，許多言論指出山與海是良好的避暑勝地，利用暑熱時到清涼處從事戶外運動，更有利於「風土馴化」。[45] 綜合上述，海灘或海水浴場頓時成為運動的場所，可行游泳和海水浴，遂也成為學校促進學生健康的水上運動場。[46]

　　學校自實施臨海教育開始，非所有學校都能興建游泳設施，海水浴場遂被利用為學習游泳的場地。由於每個學校的狀況和經費各不相同，對於游泳和海水浴是否視為其暑假中的重要活動，依各校自行決定；另一方面，日本時代高等女學校的教育著重於婦德的培養，臨海教育的主要目的，並不在游泳技能的獲得，而是透過這樣的活動，遠離塵囂、接受大自然的洗禮，自由且規律地生活數日下，淨化學生的身心靈，並培養氣質，[47] 所以臨海教育也不一定會被學校規歸類在必要的體育活動範疇內。紀錄上，臺北第一高等女學校 1924 年首辦臨海教育，高雄高女也有 1926 年 7 月 21 日由本田校長和四名教師率領 13 位學生至澎湖，進行為期一週的臨海教育；[48] 不過也曾有憾事發生，嘉義高女於 1936 年創辦海泳教育，1939 年卻發生三條崙水難事件、震驚全國，可見臨海教育活動還有其生命威脅的風險。

---

45 林玫君，〈健康、實學與教化——日治時期臺灣公學校登山活動的論述分析〉，《國立臺中科技大學人文社會學報》，（5）（2006），頁 78。

46 鄭人豪，〈日治時期臺灣游泳運動史之研究〉，頁 83。

47 陳羿戎、林玫君，〈「光榮犧牲」的省思：1939 年嘉義高女水難事件之議論〉，頁 328。

48 〈澎湖だより（二十日馬公發）／高雄高女臨海教授〉，第 5 版。

　　高雄港在日本政府的積極建設下，港埠的設施越臻齊全，港務的機能也越趨完善。高雄港在幾次的築港工程，海域浚深後水面寬廣，而因為高雄屬潟湖地形，港外有旗津沙洲阻擋海浪，以致港內風平浪靜。高雄高女創校前三年校址在哈瑪星，但 1927 年遷校至今址後離高雄港更近，前後兩段不同校區期間，師生們就利用靠近港區的地理優勢，在高雄港舉辦相關水域活動。高雄高女位離高雄港不遠，於是乎師生們就利用此得天獨厚的條件，1925 年 7 月 31 日早上 8 點，在苓雅寮的警察海水浴場召開「水泳納涼會」，實際為競泳比賽[49]。當時候《臺南新報》有詳細報導：

　　於 7 月 31 日舉辦水泳納涼會，蓋本月度之練習，自 6 月 14 日開始練習水泳，最初行於西子灣及信號所下之外海，夏季休業前即以警務部開設之苓雅寮填立地前海岸，充作練習所，其練習生是市內住者，及滊車通學生中希望者，總計七十五名，由休業中連日實行。分奇數日為一學年生，偶數日二學年生，更交替換，指導教官則是本由校長、山田、小豆澤兩教諭當之，從 29 日開始舉辦遠泳會，實施遠泳，出席生徒七十名，點乎人員後，遂準備水泳運動，校長有遠泳激勵之辭，乃就高雄灣內船模工場前之浮標，為出發點，與灣之東隅進行，該距離有千米，往復游泳，最長四千五百米——野田鶴子；四千米——鈴木光子、森允惠；三千五百米——柏尾鞠子、野町一子；二千五百米——隔田喜美以外還九名；一千米——八田以外還六名。五百米——松井節子外還七名，還有番外二千五百米——長尾人（臺北一高女）、本田夫子。而當日技能特秀之結果昇級者，進級二級：二年生

---

四名、一年生一名。進級三級：二年生六名、一年生二名。
進級四級：二年生一名、一年生六名。尚三十一日之納會，
於集合點檢，準備運動之後，有開會詞。式泳各種泳型競
泳，來賓職員水泳，至中午前 11 點結束。[50]

由上文來看，遠泳活動在高雄灣內「船模工場」和灣之東隅進
行，看得出來當時的遠泳活動是在高雄港內進行，因名「遠泳」，所
以游行的距離都不算短，報導宣稱有上千公尺。參加的人員不僅有校
長和教職員，也見長官貴賓和他校學生。

1925 年不是唯一一次高雄港遠泳，後續還是有持續舉辦。如：
1928 年 7 月 11 日起至 24 日高雄高女學生在苓雅寮海岸舉行游泳訓
練， 天都約有一百名左右的學生參與五十公尺的游泳練習，全部的
人都得游完這五十公尺；特別是 7 月 23 日當天，有 21 位學生從旗後
町醫院下坡地橫渡到苓雅寮海岸的海埔新生地，這段長距離游泳有二
浬之遠，如果以現今實測距離來看，大概也不少於兩公里之遙，但參
加的學生都有順利完成，獲得良好的成績，[51]《臺灣日日新報》特別以
〈水陸鍛鍊〉的標題為報導，可見此活動是學校體育課裡游泳訓練的
良好成果。

再如 1929 年 7 月 13 日至 22 日，高雄高女學生進行長距離游
泳，事前有 120 名學生每個月都會固定練習游泳，最後一天有 20 名
參加從苓雅寮到旗後往返約 4 哩的長距離游泳。當天的活動《臺灣日
日新報》說：「途中無一人落後，這是自學校開始有游泳課以來最佳

---

50 〈高雄高女水泳〉，《臺南新報》日刊（1925 年 8 月 3 日），第 5 版。
51 〈高雄高女の水陸鍛鍊〉，《臺灣日日新報》日刊（1928 年 7 月 24 日），第 5
版。

的成績。」[52] 指出學校游泳課都會帶到高雄港進行長遠訓練，為此報社特別為高雄高女學生拍照留念。

圖 211　1929 年 7 月高雄高女學生遠渡旗津
來源：〈高雄高等女學校〉，《臺灣日日新報》日刊（1929 年 7 月 24 日），第 5 版。

　　根據陳羿戎等研究，遠泳等水域活動的體健作用，有助於殖產興業之成效，而海域所象徵的國土範圍、浴場的經濟效益，以及引入民眾陌生的水域科學知識與近代化設施等，都有助於殖民者展現自身優越，形塑日本對臺灣文明貢獻的意識形態，進而促進國家認同。[53] 高雄港在日本統治後期日漸興盛，對日本政府來說是代表殖民地的統治成就，這樣的榮耀藉著多次／長年跟海洋為伍的活動，自然而然地最後會內化，深刻印入每一位高雄高女人的血液之中。

---

52　〈高雄高等女學校〉，《臺灣日日新報》日刊（1929 年 7 月 24 日），第 5 版。
53　陳羿戎、林玫君，〈「光榮犧牲」的省思：1939 年嘉義高女水難事件之議論〉，頁 327。

不過因為遠渡高雄港還是有一定的風險，如當日氣候或海象條件不允許時，就必須做出調整，如1930年7月24日上午8點原訂要舉行的往返苓雅寮到旗後的長距離游泳，但因風浪太大作罷，等天候回復正常再舉行。[54] 遠泳活動後來是否持續進行目前不得而知，推測原因可能是高雄港日漸繁榮，貨物與船隻的進出越漸頻繁，往來苓雅寮和旗津之間想必要讓港務的運作略顯困難與不順，所以後來也鮮少出現在報導紀錄中了。

## ◎ 運動部

為培養學生藝能並陶冶情操，學校多於放學之後，安排各式藝能活動，甚至有利用假日或寒暑假期間展開這些活動。中等以上的學校，在大正年間因受到整體社會競賽和國家重視的關係，藉著課外指導才能增進運動技術，所以各校紛紛成立各種運動部門。[55] 全臺各中等學校普遍設有運動部，採會員（或稱「部員」）制，會員為全校學生，每個會員需繳會費與入會金。學校會依不同運動項目，成立各種運動部，高雄高女也有不少運動部等社團性質的組織，如陸上競技部、游泳部、遠足部、登山部、排球部和茶道部等。每個運動部名與設置時間如下：

表26　南部高等女學校運動部概況

| 學校 | 會員人數 | 運動部名及設置時間 | 各部負責人數 |
|---|---|---|---|
| 高雄高女 | 392 | 陸上競技（1924）、游泳（1924）、遠足、登山（1924）、排球（1924）、茶道部（？） | 3 |

---

54 〈高雄高女遠泳中止〉，《臺灣日日新報》日刊（1930年7月25日），第5版。

55 林玫君，〈日本帝國主義下的臺灣登山活動〉，頁143。

（續上頁）

| 學校 | 會員<br>人數 | 運動部名及設置時間 | 各部負責<br>人數 |
|---|---|---|---|
| 臺南第一高女 | 450 | 陸上競技（1917）、游泳（1917）、登山（1917）、排球（1917）、軟式網球（1917）、籃球（1917）、桌球（1917）、躲避球（1917） | 3 |
| 嘉義高女 | 419 | 陸上競技（1924）、游泳（1925）、登山（1929）、排球（1924）、軟式網球（1922）、籃球（1926） | 1 |

來源：整理自游鑑明，〈日治時期臺灣學校女子體育的發展〉，頁34。

圖212　陸上競技部
來源：1935年高雄高等女學校
　　　《卒業記念寫真帖》。

圖213　茶道部
來源：1943年高雄高等女學校
　　　《卒業記念寫真帖》。

圖214　排球部
來源：1943年高雄高等女學校《卒業記念寫真帖》。

　　上述的登山活動除了透過全校體育科教育加以實施外，也會在學校成立的校友會中進行，尤其是中等以上的學校。高雄高女裡的「登山部」非常重要，常承辦很多登山活動，如1942年6月由山岳會高雄州支部舉辦的「夏の山に鍛へる活動」，[56] 由高雄高女登山部協辦，此活動是為鍛鍊強健體魄，計畫在同年夏季舉行一系列分不同梯次的夏季登山行程，應募資格必須是山岳會會員。欲參加者除了規定必須事先準備防寒衣物、雨具、盥洗用品等。各梯次行程如下：

表27　1942年6月夏の山に鍛へる活動各梯次一覽表

| 地點 | 時間 |
|---|---|
| 新高山（第一梯次） | 7月14日晚上10點10分高雄出發、7月18日下午5點40分抵達高雄、費用約20圓。 |
| 新高山（第二梯次） | 7月21日早上5點5分高雄出發、7月26日下午5點40分抵達高雄、費用約20圓。 |
| 合歡山 | 7月22日晚上10點10分高雄出發、7月29日在花蓮港解散、費用約55圓。 |
| 大武山（第一梯次） | 8月2日上午8點20分高雄出發、8月6日晚上8點22分抵達高雄、費用約15圓。 |
| 大武山（第二梯次） | 8月12日上午8點20分高雄出發、8月15日晚上8點22分抵達高雄、費用約15圓。 |

來源：整理自歷年《臺灣日日新報》。

---

56 〈"夏の山"に鍛へる　山岳會高雄州支部の計畫〉，《臺灣日日新報》日刊（1942年6月5日），第4版。

## ◎ 體育講習會與各類體育大會

日本時代的臺灣並未成立體育科系或學校，也未有培養體育教師的機制，因此藉由體育講習會的舉行來增加教師的體育專業知能。臺灣最早的體育講習會有學者認為是 1920 年臺北廳召開的體育講習會，而從相關的史料來看，各種不同的體育講習會主辦單位從臺灣總督府之臺灣教育會，乃至各州廳郡之各地教育等都有。[57]

高雄高女的地理位置極佳，鄰近高雄州主要的行政地點與鹽埕等商業區域，州內各級比賽或各種體育相關活動就會常借用學校的場地來舉辦，如 1930 年 12 月 14 日早上 9 點，由高雄州廳職員所組成的壽友會，就在高雄高女校園內舉行體育會。[58] 高雄高女舉辦的各類體育大會活動請參考附錄。

此外，體育講習會另一項重要的功能，就是協助教師舉辦「運動會」，由於運動會是各校一年一度的大盛事，運動會的總籌畫又是教師負責，所以承擔工作的教師都是非常戰戰兢兢，如 1930 年 7 月 31 日開始為期三天的「體育講習會」，邀請當時人在臺中的加賀、南部兩位講師主講，場地在高雄高女，參加人員為各公立小學校教師 40 名，和數名非教師人士，[59] 活動進行至 8 月 2 日結束，該日早上 11 點舉行閉幕典禮。[60] 其他像體操、水泳或排球等也都曾在高雄高女舉辦：

---

57 林玫君，〈日治時期的臺灣女子體育講習會〉，頁 91。

58 〈高雄壽友會　體育會計畫〉，《臺灣日日新報》日刊（1930 年 12 月 1 日），第 5 版。

59 〈高雄州の體育講習會〉，《臺灣日日新報》日刊（1930 年 7 月 31 日），第 2 版。

60 〈加賀南部兩氏　體育講演會　高雄青年會館で〉，《臺灣日日新報》日刊（1930 年 8 月 3 日），第 5 版。

表 28　高雄高女歷年舉辦體育類講習會一覽表

| 時間 | 類別 | 內容 |
|---|---|---|
| 1933 年 7 月 21 日至 27 日 | 體操 | 講習的內容主要提供教師廣泛的運動技能和知識，不偏重某項運動，其中，「體操」是當時體育課的主流，故有女子體操的講習。青年會館和**高雄高女**會場，小公學校體操科主任職員 40 名，講師是高雄高女教諭野中。 |
| 1933 年 5 月 22 日 | 水泳 | 於**高雄高女**新設的游泳池舉辦「水泳講習會」，就生徒的水泳講習，講師是臺灣體育協會水泳部的藤本幹事。 |
| 1938 年 12 月 18 日開始 | 排球 | 因為東京文理大學學生——大谷明訪問高雄，藉此機會舉行排球講習，18 日於高雄高等女學校校園的銀座食堂 7 點起舉行裁判團講評座談會，參加費用一圓。 |

來源：整理自歷年《臺灣日日新報》。

## 7-3　全島比賽

### ◎ 全島排球選手權大會

　　早期的運動，項目偏重於軍人及警察所必備的練武功夫、如弓箭、騎馬、相撲及傳統的柔道、棒球、田徑等，排球運動傳入臺灣的時間，與上述的運動比較較遲一些。1922 年 10 月 30 日由臺灣體育協會邀請在東京青年會的布朗先生到臺灣來指導排球運動，當時在新公園球場接受他指導的有鐵道部及各學校學生共二十幾名。

　　日本時代中等教育的男子競賽來說，「野球」無疑是各男子中學校為之瘋狂的賽事；相較女子體育，則是以「排球」為各地高等女學校之較勁場合。臺灣最早的女子排球賽於 1927 年在圓山競技場舉

行，由臺北第一高女迎戰臺中高女。在全臺規模的排球大會中，屬
「全島排球選手權大會」最刺激，這個比賽 1929 年開始舉辦，地點在
臺北高等學校體育館，該年由臺北第二師範學校得優勝。

　　高雄高女在全島排球選手權大會上有非常的卓越表現。1932 年
6 月 12 日舉行的「第四回全島排球選手權大會」男子組和女子組的比
賽。高雄高女在八強賽中對戰北一女，以三戰勝進級，在準決戰裡對
上靜修高女，以五戰三勝完勝，最後在決賽中對上北三女，也是以五
戰三勝贏得冠軍，比賽結束後由競技部長頒發冠軍給優勝的隊伍高雄
高女，活動於下午 6 點左右散會。

　　這次的冠軍可說是高雄高女校史上第一座，選手一行人在教練的
帶領下，於 6 月 13 日上午 8 點 8 分回到高雄，由本田校長及教職員
和學生列隊歡迎合唱校歌，紀念這次光榮的紀錄。

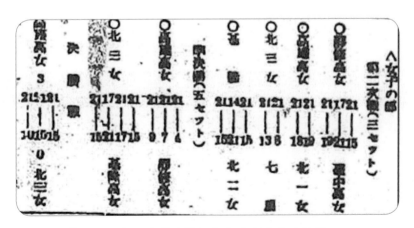

圖 215　第四回全島排球選手權大會女子決勝戰的報導
來源：〈雌伏の啟明　遂に優勝　女子は高雄高女優勝　全島排球
　　　選手權大會〉，《臺灣日日新報》日刊（1932 年 6 月 13 日），
　　　第 7 版。

圖 216　高雄高等女學校排球選手
來源：〈全島排球爭霸戰〉,《臺南新報》日刊（1932 年 6 月 14 日）,第 2 版。

　　好事接「年」而來,隔年 1933 年 10 月 8 日「第五回全島排球選手權大會」在臺北新公園舉辦,高雄高女一路過關斬將進入女子準決戰,在女子準決戰中高雄高女對上南一女,由於兩隊實力相當,以三戰兩勝晉級決勝戰,在決勝戰中高雄高女對上北三女 A 隊,高雄高女前兩局先馳得點,贏得冠軍。

　　再隔年,「第六回全島排球選手權大會」1934 年 9 月 30 日由臺灣體育協會主辦,早上 10 點在臺北高校體育場舉行。高雄高女持續前兩年的佳績闖進八強賽,在八強中高雄高女以二比零勝北三女進級,在準決戰中以二比一贏過臺北第一師範女子演習科 A 隊,最後在決勝戰高雄高女對上北一女 B 隊,經過一番激戰,最後由高雄高女

以二比零取得優勝，活動在下午 6 點 40 分結束[61]，高雄高女獲得三年連續獲得冠軍。

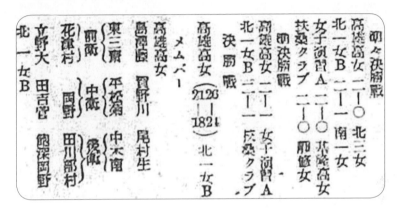

圖 217　第六回全島排球選手權大會決勝戰的報導
來源：〈高雄高女が　排球に優勝〉，《臺灣日日新報》日刊（1934
　　　年 10 月 1 日第 7 版）。

圖 218　臺北高校賽完合影
來源：1937 年高雄高等女學校《卒業記念寫真帖》。

---

61 〈高雄高女が　排球に優勝　男子部は十月十四日に延期〉，《臺灣日日新
　　報》日刊（1934 年 10 月 1 日），第 7 版。

1937年9月12日「第九回全臺排球選手權大會」賽程第二天早上8點半在臺北第一高女校園舉行，先是在四強中連兩勝打敗北一女B組，決賽中由高雄高女打敗北二女取得優勝，1937年9月13日《臺灣日日新報》記載：「下午3點起由高雄高女和臺北第二高女進行冠、亞軍總決賽。前半場北二女佔盡優勢，但後半場情勢大轉，令人不禁捏把冷汗。終場高雄高等女以勝利女神之姿獲得冠軍。」紀錄上，高雄高女在全臺排球選手權大會中總共奪拿四座冠軍獎盃。

圖219　全島排球大會三年連勝優勝盃
來源：1935年高雄高等女學校《卒業記念寫真帖》。

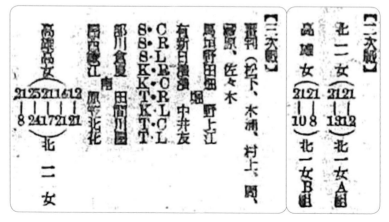

圖220　第九回全臺排球選手權大會相關報導
來源：〈北二女後半振はず　高雄高女に凱歌　全臺灣排球選手權大會〉，《臺灣日日新報》日刊（1937年9月13日），第8版。

　　高雄高女時常舉辦州級的排球比賽，如高雄州下排球競技大會、高雄州小公學校職員排球大會、高雄州下學校生徒兒童排球大會、春季一般排球選手權大會，或是由臺灣體育協會舉辦的各類型排球比賽等。高雄州各類排球比賽請詳見附錄。

圖 221　第九回全臺排球選手權大會實況
來源：〈北二女後半振はず　高雄高女に
　　　凱歌　全臺灣排球選手權大會〉，
　　　第 8 版。

圖 222　全島中等學校排球選手權大會（手
　　　拿優勝獎盃）
來源：1938 年高雄高等女學校《卒業記念寫
　　　真帖》。

## ◎ 全島女子中等學校水泳比賽

　　「全島女子中等學校水泳比賽」也是令人矚目的一項賽事，更是各地高等女學校的較競場合。1929 年全島女子中等學校水泳比賽開辦第一回，高雄高女於第六回（1934）、第七回（1935）都奪得第二名，第九回（1937）、第十回（1938）、第十二回（1940）、第十五回（1943）都獲得第三名，第十一回（1939）得第四名。值得一提的是，高雄高女 1924 年創校後雖然設有游泳課，但學生大多都到西子灣練習，校內游池於 1933 年才完工，隔年（1934）全島水泳比賽就以「後起新秀」之姿讓大家刮目相看，當年的《臺灣日日新報》就有特別的報導：

在這次得獎的排名順序中，女子中等學校比賽方面，由後起
新秀高雄高等女學校以先聲奪人之姿擊敗臺北一女，接著和
強勁對手臺中高女進行一場激鬥，終場臺中高女以 71 分險
勝獲得冠軍，高雄高女則以 69 分排名亞軍，季軍是臺北一
女 56 分，第四名是南一女，第五名是嘉義高女。這次比賽
中，山澤城、椎原、平野等人相繼創新紀錄，比前年的成績
優異。下午 4 點半比賽結束後，由田中會長代理頒發冠軍獎
盃，大家合唱「君之代」國歌，舉行降旗典禮。曾根原副校長
領隊帶頭，高呼 3 次萬歲，下午 4 點 50 分閉幕。[62]

表 29　全島女子中等學校水泳比賽（1929-1943）

| 時間 | 排名 | 得點 |
| --- | --- | --- |
| 1929 第一回 | 1. 臺北二高女 | 48 |
| | 2. 嘉義高女 | 43 |
| | 3. 臺北一高女 | 34 |
| 1930 第二回 | 1. 臺南一高女 | 39 |
| | 2. 嘉義高女 | 18 |
| | 3. 臺北二高女 | 17 |
| 1931 第三回 | 1. 臺南一高女 | 70 |
| | 2. 嘉義高女 | 58 |
| | 3. 臺北一高女 | 28 |
| 1932 第四回 | 1. 臺南一高女 | 109 |
| | 2. 臺北一高女 | 75 |
| | 3. 臺中高女 | 28 |

---

62 〈『水上臺灣』の躍進　北一中壓倒的唱霸　女子は臺中高女辛勝　全島中
等學校水上競技終る〉，《臺灣日日新報》日刊（1934 年 7 月 16 日），第 7
版。

（續上頁）

| 時間 | 排名 | 得點 |
|---|---|---|
| 1933 第五回 | 1. 臺北一高女 | 88 |
| | 2. 臺中高女 | 79 |
| | 3. 臺南一高女 | 57 |
| 1934 第六回 | 1. 臺中高女 | 71 |
| | **2. 高雄高女** | 69 |
| | 3. 臺北一高女 | 56 |
| 1935 第七回 | 1. 臺北一高女 | 65 |
| | **2. 高雄高女** | 64 |
| | 3. 臺中高女 | 53 |
| 1936 第八回 | 1. 臺中高女 | 87 |
| | 2. 臺北一高女 | 83 |
| | 3. 臺南一高女 | 31 |
| 1937 第九回 | 1. 臺中高女 | 105 |
| | 2. 臺北一高女 | 76 |
| | **3. 高雄高女** | 37 |
| 1938 第十回 | 1. 臺北一高女 | 100 |
| | 2. 臺中高女 | 86 |
| | **3. 高雄高女** | 37 |
| 1939 第十一回 | 1. 臺北一高女 | 93 |
| | 2. 臺中高女 | 79 |
| | 3. 臺北二高女 | 37 |
| | **4. 高雄高女** | 21 |
| 1940 第十二回 | 1. 臺北一高女 | 106 |
| | 2. 臺中高女 | 65 |
| | **3. 高雄高女** | 26 |
| 1941 第十三回 | 有舉辦但名次不詳 | |
| 1942 第十四回 | 有舉辦但名次不詳 | |
| 1943 第十五回 | 1. 臺北一高女 | 95 |
| | 2. 臺中高女 | 84 |
| | **3. 高雄一高女** | 34 |

來源：整理自鄭人豪，〈日治時期臺灣游泳運動史之研究〉，頁143。

## ◎ 各類競賽

　　高雄高女不僅是排球和游泳比賽的常勝軍，田徑比賽中也常大放異彩。紀錄上，1939 年 7 月 16 日「第八回全臺灣女子中等學校田徑對抗賽」[63]，在臺中水源地田徑比賽場進行，當天坂口、田中兩位副會長、素木審判長、村橋總務員及其他有關人員和選手皆出席參加，繞場儀式結束後立刻進行比賽。當天的天氣並無下雨也沒出大太陽，但比賽前的連日的豪雨，造成比賽場地土質鬆軟，成績普遍不理想，不過選手們還是使出全勁參賽。這次的比賽由高雄臺灣體育協會和高雄高女獲得冠軍，由松岡會長頒發冠軍給高雄高女。女子中等學校田徑對抗賽總得分如下：

第一名：高雄高女 82.5 分

第二名：臺北一女 77.5 分

第三名：基隆高女 25.9 分

第四名：臺南二女 18.5 分

　　高雄高女的學生除了團體體育成績表現良好，在個人體育競技的表現上是常獨得媒體版面的青睞。如 1939 年 7 月 16 日由臺灣體育協會舉行的「全臺灣第八回女子中等學校對抗陸上競技大會」和「第八回全臺灣女子中等學校田徑對抗賽」，高雄高女在女子中等學校對抗總績分中贏得 82.5 分排名第一，遠高於第二名的臺北一女 77.5 分 [64]，其他優勝成績如下：

---

63 〈全島支部對抗女子中等陸上競技　霸權何れも高雄へ　前日の豪雨で記錄は一般に低調〉，《臺灣日日新報》日刊（1939 年 7 月 17 日），第 8 版。

64 〈全島支部對抗女子中等陸上競技　霸權何れも高雄へ　前日の豪雨で記錄は一般に低調〉，第 8 版。

八十米障礙賽：高雄高女富田選手和大柿選手兩位分得第一
　　　　　　　名和第二名

一百米競賽：高雄高女的富田選手和中路選手分得第二名與
　　　　　　第三名

二百米縱走：高雄高女第二名

二百米競賽：高雄高女中路選手 29 秒第一名

四百米縱走：高雄高女 55.4 秒第一名

走幅跳：高雄高女中路選手以四米六九第一名

走高跳：高雄高女一米三五第一名

圓盤投擲：高雄高女渭村選手排名第二名

槍投擲中：高雄高女義岡選手第二名

## 7-4　個人競賽光榮紀錄

### ◎ 黃瑞雀

　　在個人競賽得獎紀錄方
面，黃瑞雀[65]在砲丸投技（ほう
がんなげ，中文意思即是擲鉛
球）有非常傑出的表現，除了獲
獎連連外，也一直刷新自己的
紀錄。紀錄上，1937 年秋天黃
瑞雀由全臺灣預賽運動會中脫

圖 223　高雄高女學生黃瑞雀
來源：〈黃氏瑞雀（高雄高女），《臺灣
　　日日新報》日刊，1937 年 9 月
　　29 日第 8 版。

---

65　由高雄高女畢業，但由於家庭因素無法繼續升學，1939 年於高雄市旭公學
　　校擔任教員心得。

圖 224　黃瑞雀的英姿與比賽紀錄
來源：《臺灣日日新報》日刊（1938 年 5 月 29 日）。

穎而出，代表臺灣參加「第九回明治神宮體育大會選手權大會」。1938年黃瑞雀在選拔全島陸上競技高雄州的代表選手時，黃氏就脫穎而出投出一米三十的優異成績，此成績創新她本人所保持臺灣的紀錄九米九五。

1939 年 2 月 4 日由臺灣臺灣體育協會高雄支部所主辦的「高雄州田徑選手權大會」，在高雄高女運動場進行。此比賽是甄選代表選手參加春季日本女子奧林匹克運動大會。女子鉛球部分，黃瑞雀以十米九十的佳績刷新自己所保持的紀錄，打破原臺灣和大會的雙紀錄 [66]。

圖 225　媒體大幅報導黃瑞雀同學比賽實況
來源：《臺灣日日新報》日刊（1939 年 4 月 8 日），第 8 版。

---

66 〈黃孃砲丸投で　臺灣記錄を更新　高雄州下陸上選手權〉，《臺灣日日新報》日刊（1939 年 2 月 6 日），第 8 版。

　　1939 年 5 月 28 日下午 1 點由臺灣體育協會高雄支部在高雄高女舉辦「高雄陸上競技記錄會」，砲丸投技比賽中，女子組高雄高女黃瑞雀以十一米三四投出臺灣新紀錄，為此新紀錄臺灣日日新報大篇幅報導，黃瑞雀也因此為學校爭光。

## ◎ 熊谷保銳

　　高雄高女學生在個人田徑賽表現也非常卓越。熊谷保銳 1928 年取得高雄高女的入學許可，於 1931 年 10 月代表臺灣遠征日本參加由臺灣主辦的「明治神宮運動大會」。當時由體育科無敵老師陪搭車抵達臺北再赴日本。11 月 12 日回臺後，還特別在鐵道飯店舉行歡迎會，當時的報導這樣寫著：

> 選手代表一行人和村橋、菊地兩教練下午 2 點 55 分抵達臺北車站，立刻到臺灣神社參拜再到會場參加歡迎會。首先由大塚文教局長以常務理事的身分致歡迎詞，接下來高須競技部長致詞也歡迎，村橋網球教練、斉藤守、山口美知、菊地教練等人對於這次遠征的感想也娓娓道來。歡迎會的最後，鈴木網球部長致閉會謝詞，在盛況歡迎之下結束。散會後臺北的選手各自回家，臺南一女末岡、青木、**高雄高女熊谷選手**則於 12 日晚上踏上回家之路。[67]

---

67 〈盛大を歡迎會　鐵道ホテルて〉，《臺灣日日新報》日刊（1931 年 11 月 13 日），第 7 版。

圖 226　參加明治神宮運動會的臺灣選手回臺的合照照片
來源：〈盛大を歡迎會　鐵道ホテルて〉，《臺灣日日新報》日刊（1931 年 11 月
　　　13 日），第 7 版。

# 8. 戰時體制——峰火連綿到海邊

1936年5月5日本政府宣示新南方政策，高雄被規劃為南進的重要據點，同年8月29日高雄州告示114號公布〈大高雄都市計畫〉，預計使大高雄變成工業城市。9月小林躋造為臺灣第十七任總督，是軍人身分的武官擔任總督，以皇民化、工業化和南進化作為三大治臺方針。1940年日本政府決定在外交上聯絡德、義兩國，先限定英國為作戰對象，攻佔香港及南洋，暫以獲取重要資源為主，唯必要時仍以武力達到目的。1941年12月8日日軍偷襲美國珍珠港，同天日本陸、海軍部向美、英宣布開戰，也宣告「大東亞戰爭」就此展開。由於戰略考量，位於東亞島弧中樞的臺灣之地理位置就突顯重要，日軍部隊進駐、移防，或軍需物資的補給、運輸，皆以臺灣為基地或轉運中繼部。

## 8-1　戰時入學試驗

1930年代中後日本對外侵略戰事爆發，為了培養考生了解日本歷史，1935年開始加考「國史科」，為了符應戰事的需求，日本政府要求「國民體位向上」[1]，所以在1937年考科中增加「體力檢查」。戰事到後來越趨吃緊，1942年三天考科中，刪除以往具專業學術的科目，如算術、國語（綴方）、國語（講讀），不過保留筆答試問、口頭試問／身體檢查／體力檢查，而特別增加「人物考查」、「運動能力檢查」兩項。前者「人物考查」是國民學校校長對該考生之觀察與評價，撰寫成推薦文字後交給應試學校；後者「運動能力檢查」，希望

---

1　體位向上，是當時日本本國對徵兵對象之青年體位有相同的要求，往後延伸至高雄高女入學體位的檢定。

可以招生運動能力卓越的學生，並因為戰事緊迫，實際的體力需求遠大於學術專業科目的培養，明顯看出戰事的激烈，對高雄高女的招生入學之考科安排產生很大的影響。

　　當時高雄高女入學試題也作了很大的調整。以下節錄戰時各考科的相關內容：

表30　戰時體制下高雄高女入學試驗問題

| | 年代 | 考題內容 |
|---|---|---|
| 國史 | 1941 | 〔國史科〕（一小時）<br>一、請敘說德川光圀如何尊崇皇室、獎勵忠孝之道。<br>二、就五條御誓文（日文：五箇条の御誓文）回答下列問題。<br>　　1. 是誰宣示五條御誓文的呢？<br>　　2. 據此制定何事？<br>　　3. 根據五條御誓文的第一條，實際施行何事？<br>三、就條約修改（日文：条約改正）回答下列問題。<br>　　1. 為什麼各國會同意修改條約呢？<br>　　2. 修改了哪些條約內容呢？<br>四、說明下列單詞。<br>　　1. 松下村塾<br>　　2. 山陵志<br>　　3. 海國兵談<br>　　4. 小村壽太郎 |
| 筆試 | 1937 | 〔筆試問答〕（一個小時）<br>一、我國的天皇和外國的國王有什麼特別不同之處？<br>二、教育勅語中有「斯之道，實我皇祖皇宗之遺訓，子孫臣民應遵守」的句子，請問其意為何？<br>三、為何日本自古以來從未受到外國的侮辱呢？<br>四、日本整個國家可視為一個大家族是什麼呢？<br>五、解釋說明紀元節。<br>六、不論做什麼事為達成目的，必須要做什麼計畫呢？ |

（續上頁）

| 年代 | | 考題內容 |
| --- | --- | --- |
| 口試 | 1938 | 〔口試問題〕<br>一、 請背誦教育勅語。<br>二、 請唱出國歌「君が代」。並述說其大概的意思。<br>三、 你的國家什麼時候會升國旗？升旗典禮由誰帶領？<br>四、 你的家中有設神龕嗎？是祭拜誰？你每天什麼時候會參拜？<br>五、 皇大神宮位於哪裏（什麼縣、什麼國）？從臺灣來看大概在哪個方向？<br>六、 靖國神社位於哪裏？是祭拜誰？<br>七、 日中戰爭，日本為何攻打中國，請簡述理由。戰場是在中國的哪個地方？<br>八、 從去年開始，你曾做過那些慰勞出征打戰軍人的事嗎？<br>九、 最近種了很多蓖麻，是要做什麼用？<br>十、 請述說一下你畢業的學校。<br>十一、 請述說一下你的家庭狀況。<br>十二、 人體內的主要內臟器官是什麼？請說出其功能。<br>十三、 試就畢業學校的花圃、農園說明你的看法。若種花、種菜是你的興趣的話，你認為如何？ |

來源：歷年《全島中等學校入學試驗問題集》。

1938 年的入學題目[2] 也是值得一提，當戰爭來臨所有電子通訊中斷時，傳信鴿的使用可以替代其他電子用品，為此該年的卒業寫真還放入了傳書鳩的照片。

圖 227　傳書鳩
來源：1938 年高雄高等女學校《卒業記念寫真帖》。

---

2　入學題目提到：「利用傳信鴿的場合相當的多。尤其是戰爭的時候，要塞被敵人包圍、無線電機被破壞、傳令使在途中被殺害，用盡全部的方法也無效時，就只好依靠這小小的傳信鴿，除此之外別無他法。」

　　隨著戰技的運用，還有戰事的整備也是不可或缺。女學生無法像男生一樣親自上戰場前線效命，但還是可以做其他的工作，比如1938年口試問「最近種了很多蓖麻，是要做什麼用？」蓖麻是當時重要的國策作物，蓖麻的種子可以用來榨取蓖麻油，含油量高，是很重要的油脂作物，因為對軍事可以提供很多幫助，所以很多學生會幫忙收蓖麻樹種子供軍需使用。此外，當時很多學生從事勞動服務已成為日常生活的一部分，不論哪間學校，都將原來種在校園裡的花草，改種蓖麻及蕃薯，由學生們施肥照料，等待收成。1938年口試題目就問：「試就畢業學校的花園、農園說明你的看法。若種花、種菜是你的興趣的話，你認為如何？」

　　戰爭開始，臺灣各級機關與學校開啟了軍事導向的發展策略，比如入學的出題的方向就以戰爭、戰事、戰備方面作了很大的調整。入學測驗題中，日本的大和民族、神道宗教或皇族家國概念融入考題，有意無意都好，可以看到出題者細心的將國家上位者所要宣傳的理念安插在考題敘述與鋪陳中，軟性地讓考生幻化成日本國民，或者硬性地強烈要求考生直接浸淫成為天皇子民，透過考題／教育的潛移默化，最終將臺灣人民培養成為日本國民。

## 8-2　軍事課程

　　1938年日本頒布〈國家總動員法〉，宣告臺灣正式進入戰時體制，皇民化運動從此展開。〈國家總動員法〉明訂國家一旦進入戰爭時期，所有人員和物資必須納入國家的行政統籌規劃。對企業而言，集中重點項目的生產已無關經濟學和自由市場獲利機制，一切以軍需為最大的生產目標。在人員部分，國家也有權力進行人力資源的調動與指定，在男性部分指當大批人力進入戰場與前線，女性就需放下手

中原先的工作或學業，前進軍需工廠彌補男性勞力不足的人員空缺。[3] 為了強化皇道思想的軍國主義，日本國內提出「鍊成皇國民」的教育目的，使臺民成為效忠日本的皇民。同時，採內外一體、教育一元化的方針，進行教育制度的改革，臺灣所有的教育政策一切比照日本。

　　1943 年 1 月 21 日配合戰時需要，廢除〈高等女學校令〉，公布新的〈中等學校令〉，入學資格為國民學校初等科畢業者或同等以上之同力者，全臺中等學校採一元化教學方式，修正課程內容及授課時數，以適應戰時體制，基本教科的內容分為五大類：

表 31　臺灣公立高等女學校規則

| 教科＼學年 | 國民科 | | | 理數科 | | 家政科 | | 體鍊科 | 藝能科 | | | 基本教科應需時數 | 增課教科應需時數 | 訓練 | 每週授課總時數 |
|---|---|---|---|---|---|---|---|---|---|---|---|---|---|---|---|
| | 修身 | 國語 | 國史·地理 | 數學 | 物象·生物 | 家政(家事)·育兒 | 保健·被服 | 體操·武道·教練 | 音樂 | 書道 | 圖畫·工作 | | | | |
| 第一學年 | 1 | 5 | 3 | 3 | 3 | 2 | 4 | 4 | 1 | 1 | 2 | 29 | 3 | 3 | 35 |
| 第二學年 | 1 | 5 | 3 | 3 | 3 | 2 | 4 | 4 | 1 | 1 | 2 | 29 | 3 | 3 | 35 |
| 第三學年 | 2 | 4 | 2 | 2 | 3 | 4 | 4 | 4 | 1 | 1 | 2 | 29 | 4 | 3 | 36 |
| 第四學年 | 2 | 4 | 2 | 2 | 4 | 4 | 4 | 4 | | | 3 | 29 | 4 | 3 | 36 |

來源：山本禮子，《植民地の臺灣高等女學校研究》，頁 44。

---

3　王佐榮，《帝國興亡下的日本・臺灣：1895 ～ 1945 年寫真書》，頁 154。

　　戰爭時期課程內容更多樣，如增加生物、物象、育兒、保健、被服、武道、教練、書道等科，另還有十四小時以上的外語和家政為主的選修課程設計。體鍊科是原來的體操科，規定男生要接受武道訓練，不過女學生則免授武道。1943 同年頒布〈學生戰時動員體制要綱〉，學生參加出勤勞動訓練、糧食增產。1944 年 3 月因太平洋戰爭失利，為配合〈決戰非常措施綱要〉，頒行〈中等學校教育內容臨時措置綱要〉，規定中等學校以上的學生從事經常性的勞動，內容包括：[4]

1. 臨時處置之基礎：加強學生之糧食增產、戰技訓練、防空訓練等，作為教育實踐之一環。一年得動員三分之一的時間，但實施時應依其種類、學生年齡等而修練舉行之。此期教科教授之徹底，力求充實提高中堅國民所需之學力，教科教學日數不得少於以下限度為原則：第一、二學年各為 204 日（計 34 週），第三、第四學年各為 180 週（計 30 週）。

2. 關於教科及修練之處置：

　(1) 貫徹精神訓練，涵養至誠盡忠本分之信念，鍊成不屈不撓之敢鬥氣魄，養成崇尚規律、節制、重責任之態度。

　(2) 教科各方面重視關於軍事國防科目，尤其軍訓之徹底。

　(3) 發揚皇國產業精神，擴充藝能科之工作，加強工作技術之基礎訓練，增加實業科之時數，應以配合國家之需要，修練時應重視農耕等有關糧食及其他重要物資生產之作業。

　(4) 強化國民動員，貫徹職業指導，配合國家需要以適合升學或就業。

---

4　林秀玲，〈高雄中學與「二二八事件」〉（臺北：國立臺灣師範大學歷史研究所碩士論文，2003），頁 11。

## ◎ 薙刀

戰爭開展，開始重視女子中等以上學校的國防教育和實務教育，在課程中加入國防教育的體能訓練，鍛鍊時採取與軍隊相同的口令，一個口號一個動作，這些國防訓練除講究防衛外，也強調身體耐力的訓練，女學生的軍事訓練就以防衛性居多，其中以教導薙刀更是重要的訓練。

薙刀是一種長柄的大刀，這項訓練主要在防身，女學生使用的是木製棍棒，而不是真刀。進行薙刀練習時一律赤足，這個訓練源自日本國內，據稱是與女性在晒衣服有密切關係，一旦遇襲，女性可以拿類似薙刀的竹篙應敵。[5] 薙刀的源由，要從日本傳統武士家庭的女性說起，除了從事家務活動之外，從小就必須習武，其中一個項目就是薙刀，這個源自中國唐代的傳統兵器，江戶時代開始薙刀成為武僧與武士家中女眷的習武兵器，明治後學校有體育活動項目的薙刀術，但屬自由選修。薙刀武術屬於近身作戰，太平洋戰爭爆發後期，女學生被要求學習這項武術。[6] 1941 年 6 月文部省第 16 號訓令中，規定高等女學校等均需於正課中納入「薙刀」的課程。[7]

圖 228　薙刀練習合照
來源：1939 年高雄高等女學校《卒業記念寫真帖》。

---

5　游鑑明，〈日治時期臺灣學校女子體育的發展〉，頁 20。
6　王佐榮，《帝國興亡下的日本‧臺灣：1895～1945 年寫真書》，頁 179。
7　陳義隆，《日治時期臺灣武道活動之研究》（桃園：國立中央大學歷史研究所碩士論文，2008），頁 128。

圖 229　室內練習
來源：1938 年高雄高等女學校《卒業記念寫真帖》。

圖 230　室外練習
來源：1942 年高雄高等女學校《卒業記念寫真帖》。

圖 231　加強演訓
來源：1942 年高雄高等女學校
　　　《卒業記念寫真帖》。

## ◎ 防空、防火、防毒演習

除了正式課程的調整外，因應大戰開始，各地民眾和各級學校也要開進行各種防護演習。1937 年 4 月 18 日婦人防空演習，早上 4 點要在堀江小學校（原第二小學校）集合，參加人員有愛國婦人會會員、愛國子女團員、高雄高女學生和其他一般婦人，穿著規定服裝。早上 4 點 10 分先在講堂由陸軍現役士官進行演講，接著 5 點半進行防空、防毒的演習。

這次演習的第一部分是「防空演習」和「防毒演習」，前者著重於消防演練，假想敵機在炸彈投擲後容易對木造結構進行漫燒，所以如何準確撲滅火勢是必要的演訓；後者是空襲時如果發生瓦斯災害，練習如何進行搜索，分辨警戒警報、除毒和消毒作業的實際訓練。[8] 第二部分是「救護」演練，空襲發生時，要學習如何對於瓦斯傷病者及一般傷病者救救、收容、治療，並實演繃帶卷的救急法。第三部分在早上 8 點前實習「非常時炊出演習」，使用軍隊的米麥練習炊煮，然後給全部人員分配試食。通常在空襲發生時，學校會變成臨時的防空救護所，所以要高雄高女學生們學會簡易急救法。

1938 年 2 月 23 日數架從中國起飛的轟炸機，無預警闖入臺灣領空，分別針對松山和新竹投彈後隨即離去，此次是臺灣第一次受到空襲。隔年 1939 年 2 月 23 日臺灣總督府發布〈全島防空訓練實習要點〉，全島不分男女老幼都要接受防空演習認知培養與實際訓練，如 1939 年 10 月 18 日早上 9 點在高雄高女舉辦防空講演會，下午 1 點在高雄青年會館由小倉要塞司令舉辦防空講演會。為了能夠普及

---

8　福島義尚，〈見よ！！銃後の護りは愈々鞏し飛躍我が本部の軍事後援事業を、續篇──空襲の慘禍　婦人も鄉土を守れ〉，《臺灣愛國婦人新報》（1937），頁 44。

民眾的航空知識，1941 年 9 月 14 日晚上 7 點半在高雄高女講堂舉辦
「航空之夕」說明會，還特別舉行演講，並播出「長了翅膀的人類」電
影，整個說明會出席人數踴躍。

圖 232　防空／防火訓練
來源：1942 年高雄高等女學校
　　　《卒業記念寫真帖》。

圖 233　接水桶練習
來源：1942 年高雄高等女學校
　　　《卒業記念寫真帖》。

## 防毒演習

圖 234　防毒裝備
來源：1937 年高雄高等女學校
　　　《卒業記念寫真帖》。

圖 235　毒氣演練
來源：1938 年高雄高等女學校
　　　《卒業記念寫真帖》。

　　值得一提的是，有一次的演習就真的遇到了盟軍空襲。1941 年 9 月 13 日上午正在進行防空訓練，轟炸機就在高雄港旁邊臺灣鐵工場等地投下砲彈、瓦斯彈，防衛隊家庭防空組趕快搶救，市政府前更出現大型消防車，整個城市漆黑一片，防衛隊挨家挨戶逐一檢查，每家是否確實做好防災措施，本來的訓練就變成實際演練來因應實戰的防災演習。[9]

圖 236　室外演練
來源：1937 年高雄高等女學校《卒業記念寫真帖》。

圖 237　整備訓練
來源：1938 年高雄高等女學校《卒業記念寫真帖》。

---

9　〈實戰則應の猛訓練　高雄州第二種防空訓練第二日〉，《臺灣日日新報》日刊（1941 年 9 月 14 日），第 4 版。

　　大戰後期空襲實在太頻繁了，保護學園安全無虞的同時，為了成為有所作為的皇民，所有人必須具有更完全安全防災的知識涵養，誠如 1941 年 10 月 15 日早上 10 點起，高雄市各國民學校校長、防衛負責人、高雄高女、淑德高女、高雄高商三所學校的代表的要求下，在東園國民學校舉辦定期性的「學園防空研究會」，徹底灌輸防空的理念，下列是研究會的重點條綱：[10]

1. 放學後，若遇警報響起，學童該如何應對？學校本身應採取何種措施？放學途中若遇警報響起，學童該如何應對？以學校職員所組成的防護團員該如何躲警報？

2. 遇到毒氣瓦斯彈時，該如何清除？學童如何躲避毒氣瓦斯？如何救治被毒氣瓦斯所傷的患者？

3. 遇到投擲燒夷彈時，該如何把重要資料搬運到安全的地方？學童在校外時如何躲避燒夷彈？

　　1941 年 12 月 16 日日本政府頒布〈防空法實施令〉，明定遭受空襲時部分工業及學童婦幼等非戰鬥人員必須疏散到鄉間地區避難，針對兒童就叫「學童疏開」，不過政府並未特地規劃疏開地區和疏開場所，

圖 238　非常時期的野炊訓練
來源：1935 年高雄高等女學校《卒業記念寫真帖》。

---

10 〈學童も眞劍な訓練　高雄市東園校で學園防空研究會〉，《臺灣日日新報》日刊（1941 年 10 月 16 日），第 4 版。

等於都市居民要自行尋找疏開地點，或將學童自行疏開到有親戚朋友所在的鄉下地區，1943 年 12 月 21 日〈都市疏開實施要領〉公布，政府開始有計畫設置安置點，有秩序將學生疏散到鄉下開始集體生活。[11]

## 8-3　團結力量大

### ◎ 女子青年團

有效動員人力最有效的辦法就是組織團體。大戰還沒爆發前，日本政府就已經在各地組織「女子青年團」。青年團初期是小／公學校畢業生自願參加的女子青年，後來 1930 年由總督府頒布〈臺灣青年團訓令〉，官方開始全面對青年團進行統治。總督府頒行〈青年團體設置標準〉，其中對團員資格和年齡的規定為，該青年團設置區域內之修畢初等教育或同等學力，而未滿 20 歲者可以由兄姐輩團員身分施以指導，[12] 進而共同經營青年團，使團的運作更為健全。1931 年 7 月 31 日起至 8 月 4 日高雄州教育課主辦第一屆女子青年團指導者講習會，地點在高雄青年會館，講習成員為州下各女子青年團體之幹部指導者，由市尹、郡守出席，講習科目其中高雄高女校長主講教育及女子青年。

後來總督府為了加強統制，大幅改編青年團，強制公學校的畢業生都要參加，更後期進一步發展為全部青年層都要參加，成為「聯合青年團」，如 1937 年 11 月 21 日和 22 日舉辦高雄州聯合青年團大會，各市郡代表 780 名人員參加，大會的第一天從下午 2 點開始，在

---

11　王佐榮，《帝國興亡下的日本・臺灣：1895 ～ 1945 年寫真書》（臺北：知兵堂出版社，2015），頁 168。

12　高雄州將上限提高到 25 歲。

高雄桃子園舉行。

　報導記載著當天雖然下著毛毛的秋雨，大家集合於壽山山麓桃子園海濱，高雄州教育課長帶領下揭開大會序幕儀式進行一整天的活動，晚上 7 點半點燃營火，開始露營。團員圍著營火發表感想，9 點半全員到海濱聽海浪的聲音。第二天早上 7 點出發步行到高雄神社，參拜神社，祈求皇軍軍運昌隆，再通過市內街道抵達高雄高女。第二天的大會典禮 10 點 10 分開始，一起宣誓共體時艱克服萬難，並表揚優秀青年團員，過程中大家踴躍發表感想。[13]

　在編制上特別有一種「女子青年團」，但與普通青年團在編制上沒有特別差異，都是青年男女受過教育且熟習日語，並以程度差異加以分組動員。女子青年團活動的主要目的就是要傳達國家訊息，配合殖民政策，使女性能夠認識時局，推廣皇民化運動，強化奉公精神，並努力於後方援護以增產報國。未邁入戰爭前，女子青年團教育內容偏重「家政科」，為女性婚後所設計，具有指導員資格的多是 35 歲以下，師範學校或高等女學校以上的畢業女性。戰爭爆發後，女性就需接受急救法訓練，勤勞奉仕上也多偏重女性特質的軍務工作，多是洗滌衣物或幫忙煮飯等，如 1937 年 8 月 31 日愛婦高雄支部對軍務士兵進行洗滌、整燙士兵們換穿衣物，該日早上 10 點集合於高雄高女做壽司，送給士兵補充營養。[14] 隨著編制擴大及團數增加，需要大量指導員的情況下，指導員年齡層下降到 18 至 25 歲。

---

13 〈高雄州青年團大會　來る二十一、二兩日開催〉，《臺灣日日新報》日刊（1937 年 11 月 9 日），第 5 版。

14 〈洗濯物を引受け　愛婦會員が奉仕　疲れた將兵を心から慰問し　銃後の赤誠を表す〉，《臺灣日日新報》日刊（1937 年 9 月 1 日），第 5 版。

◎ 慰勞活動

　　許多軍事行動熱烈展開，前線正打的如火如荼，後援的支應也是迫在眉睫。與男性相較，雖然女性處在後勤補給的地位，但卻是國家能否強大壯碩的關鍵角色，一旦後勤補給不夠，前方也就孤立無援、容易彈盡糧絕。[15] 當時鼓勵青年女子組成「女子青年團」或「愛國子女團」，會同團員或者愛婦高雄支部的成員到軍隊、醫院，為軍人家屬表演舞蹈舉辦慰勞活動。以下為紀錄上的各種慰勞活動：

表 32　高雄高女學生舉辦慰勞活動

| 時間 | 活動內容 |
|---|---|
| 1938 年 8 月 18、19 日 | 兩天下午 2 點在**高雄高女**講堂舉辦琴合舞踊、邦樂等，為出征軍人的遺家族進行慰問，兩天參加者很多，表演的人是同校學生與卒業的外校友兒童、幼童等（作者不詳，1938）。 |
| 1938 年 8 月 27、28 日 | 在岡山街公會堂舉辦將兵慰安會，邀請**高雄高等女學校**舞蹈團（約四十名）表演，來慰勞軍人及其家人。[16] |
| 1939 年 8 月 13 日 | 早上 11 點開始，愛婦高雄州支部在**高雄高女**操場進行陸海軍將兵慰安會的勞軍活動，當天下雨，氣候不佳，但卻不受風雨的影響，將兵人數之多，擠到水洩不通。再加上各種餘興節目的表演，活動欲罷不能，原定 3 點結束一直拖到 5 點將兵們才散場離去。[17] |

來源：整理自歷年《臺灣日日新報》

---

15　徐瑋瑩，〈打造時代新女性：由日治時期學校身體教育探尋臺灣近代舞蹈藝術萌發的基礎〉，頁 84。
16　〈岡山で慰安會〉，《臺灣日日新報》日刊（1938 年 8 月 24 日），第 5 版。
17　〈將兵慰安會盛況〉，《臺灣日日新報》日刊（1939 年 8 月 14 日），第 5 版。

　　1941 年 10 月起，為發揚皇民奉公精神，全國上下齊心舉辦「慰勞戰線後方將兵家屬活動」，進行各種演講或舉辦相關展覽。高雄地區的活動於 10 月 3 日開始舉辦，高雄高女學生全體動員約五百人參加，利用星期日分為四到五人一組，逐一拜訪出征打戰將兵的家人。配合軍人援護會高雄市分會的活動，將戰線後方的狀況印成地方鄉土報紙，配合高雄高女學生寫的勞軍文，將全家平安的消息一起傳達給在前線的士兵。[18] 這樣的作法，其實可以讓在前線的士兵得知家人一切安好，也會放下掛念的心，作戰精神為之一振。[19]

---

18　平安的書信如下（中譯）:「各位將兵好。您們辛苦了。在您離家時，府上還在地上爬行的嬰兒，現在已開始牙牙學語了……」、「叔叔您好，今天十月五日到府上拜訪，太太和高雄這裏一切平安無事，請您放心……」、「玄關前面所栽種的植物越長越大了，前些日子開出美麗的花朵。小嬰兒也長得又高又壯。傍晚的夕陽照在庭院的樹木上，好不美麗。小嬰兒手拿媽媽給的玩具狗，愛不釋手……。走著走著跌了一跤也沒哭……」「叔叔的太太參加了演唱會……」、「叔叔的雙親都平安健康……」、「到位在前金的府上拜訪，伯父身體安康，伯母剛好有事外出所以沒遇到……」、「我兒子很帥，伯父自豪的表情說著……。家裏一切安好，請放心。家門前的道路已經建好了。庭院中的木瓜樹長高了，看來會結很多木瓜……。停在老位子的腳踏車還是一樣擺放在那裏……。伯父還是正常上下班……。十月五日晚上寫的。」、「今年的月亮依然皎潔明亮，在前方的士兵應該也是這樣的望著天上的明月……」、〈前線の將兵に家族の明るい便り　制服の乙女が　心罩め書綴る／高雄ちやんも元氣でゐます〉，《臺灣日日新報》日刊（1941 年 10 月 14 日），第 4 版。
19　〈家族の近況を添へ　鄉土通信を勇士に　軍人援護會　高雄市分會から發送〉，《臺灣日日新報》日刊（1941 年 10 月 4 日），第 4 版。

## 向將士們致敬──全島女學生的慰問文

高雄高女山下展子

各位在前方打戰的將士們，今年是聖戰的第二年，炎夏酷熱之下，希望大家都過得平安。六月下的雨雖造成高雄多處受害，但一到七月卻突然停止下雨，異常炎熱。比起日本本島，南方的酷熱實在令人無法忍受。

高雄為了紀念聖戰二週年，於七日舉行興亞展覽會。會場每天人山人海，擠得水洩不通。特別是星期天更加熱鬧。再加上團體參觀的人潮，竟然連汽車的車頂、車窗都有人攀爬，太嚇人了。不禁連想到東京大地震、中國難民的情景，感傷之情油然而生。展覽會場設在新建的市政府和商工獎勵館，高雄蓬勃發展，蒸蒸日上。

上個月十一日到高雄的廣東訪日婦人團，走訪東京、大阪等地，今天結束了約一個月的旅行。一行人約十多名，由今井女士擔任翻譯。那特別的腔調，聽說很難理解。高雄離廣東很近，心想「我也想聽懂廣東話」。他們所到之處無不受到熱烈的歡迎，說不定連飯局都不屑一顧！還有人收到傘、和服之類的禮物，高興得不得了。

海軍的精銳機，畫過青空，咻！的一聲，從頭頂上飛過。聽到那飛機的聲音，心中更激起身為日本皇民、效忠愛國之情。庭院中的看門狗，正朝著轟轟作響的飛機狂吠不停。

　　而我家正位於半山腰，剛好可以眺望半個高雄市。昨天還看到的七夕節竹子，今天卻消失的無影無蹤，和之前的七夕節完全不同，意義非凡。當天娛興節目一概取消，正午默禱、無化粧日等，都是要將戰線後方人民的誠心傳達給前方的偉大戰士們。

　　最後，敬祝各位身體安康，凱旋歸來。

來源：〈兵隊さん有難──全島女學生の慰問文〉，《臺灣警察時報》（1939 年 8 月 10 日）。

　　另外，女學生也會幫忙打掃軍醫院、整理花園，為軍人洗濯衣物等勤勞奉仕的方式，從事軍事援護，如 1939 年 2 月 21 日高雄市內婦人團體、愛婦、國婦共 200 名婦人及高雄高女學生 400 名共計 600 位，下午 1 點在病院幫忙掃除，白衣護士感激不盡。[20]

圖 239　將軍慰安會表演
來源：1938 年高雄高等女學校
　　　　《卒業記念寫真帖》。

圖 240　將兵慰安會餐會
來源：1938 年高雄高等女學校
　　　　《卒業記念寫真帖》。

---

20 〈看護助手　高雄醫院で實習〉，《臺灣日日新報》日刊（1939 年 2 月 22 日），第 5 版。

　　在軍事援護中，更重要的工作便是製作慰問袋和募集慰問品。慰問袋是愛國婦人會[21]裝送給出征軍人物品的袋子，袋內裝的物品相當多樣，每個或每次袋裝都不一樣，物品也多是募捐而來，也有會員本身自己製作，有日用品、通信用具、兜襠布、藥品、罐頭類、糕餅點心、煙草、醃梅干、報紙雜誌、日本太陽旗、千人針[22]等，特別是千人針，當時出征者的家屬都會拿著一塊布，站在街頭煩請路過的婦女一人縫上一針，以讓出征者帶在身邊，希望以千位婦女之誠心，得以在戰場中保平安。

　　高雄高女的學生雖沒有辦法親赴前線，但可藉由製做勞軍慰問品或各種勞軍活動，來表達忠誠愛國之心和皇民奉公的精神。報導說，高雄高女三、四年級學生利用在學校所學，親手一針一線縫製襯衫，將這些襯衫送給士兵，並慰問士兵的辛勞，軍當局認為這是最合適的勞軍行為，收到慰勞品後都非常感謝高雄高女所做的一切。[23]

---

21　愛國婦人會這個組織是來自八國聯軍義和團事件中，當時的日本社會運動家、曾參與倒幕活動的奧村五百子曾親自前往中國探視傷兵，在返國後獲得近衛篤麿公爵與當時皇族婦女的支持，於是 1901 年成立愛國婦人會，由內務省管轄，其宗旨是結合有錢有勢的上階婦女，對因公或因戰爭受傷、陣亡的將士及其家屬提供救援與人道協助。王佐榮，《帝國興亡下的日本・臺灣：1895 ～ 1945 年寫真書》，頁 138。

22　千人針習俗原於日俄戰爭時期，傳說出征戰士如果將此一公尺見方縫上一千個結的白布，裹在腹部就來帶來好運。這個實習一直流傳下來，一直到二戰時期歷久不衰。

23　〈兵隊さんにシヤツ　高雄高女上級生の眞心〉，《臺灣日日新報》日刊（1942 年 6 月 26 日），第 4 版。

圖 241　慰問袋製作
來源：〈慰問袋を作る女學生　愛婦高雄支部から第二艦隊
　　　將兵に贈呈する慰問袋を高雄高女で作成中〉，《臺灣
　　　日日新報》日刊（1936 年 8 月 6 日），第 5 版。
註：愛婦高雄支部與高雄高女學生製作慰問袋贈送給第二艦
　　隊將兵。

　　高雄高女的學生也會擔任「看護助手」的角色。看護婦是類似軍
護士的概念。配合赤十字社的看護婦組織，由女學生從旁擔任「看護
助手」的協助角色。根據記載從 1890 年開始就有從軍護士的紀錄，
有志於此項工作者必須先進入日本赤十字社看護婦養成所接受護理訓
練，平時在各醫護、慈善單位任職，一旦國家有緊急狀況就必須接受
徵召派往各地。

　　太平洋戰爭爆發後，將原本 18 歲以上高等女學校學歷的甲種隨
軍看護錄用資格，降低到 16 歲以上高等小學校學歷的乙種隨軍看護
錄用資格。大戰後期，因前線人力逐漸開始缺乏，所以「看護助手」
的需求便大大提升。1943 年招募看護助手，資格可以是高等女學校

的未婚女性，需要擁有花道及裁縫的能力，派遣期間相當於軍屬身分，初任薪資含津貼一個月 50 圓，另外提供伙食，志願者先到各州廳的醫院接受訓練，就到前線去支援。[24]

## ◎ 救護訓練

圖 242　救護訓練
來源：1937 年高雄高等女學校
　　　《卒業記念寫真帖》。

圖 243　傷患移動
來源：1937 年高雄高等女學校
　　　《卒業記念寫真帖》。

## ◎ 校園內的軍事味

　　戰事連年，除了生活軍事化外，連校園空間也開始充滿軍事味。如 1941 年 4 月 16 開始連續三天舉辦「時局恤兵展」。時局恤兵展多為贈送物品、金錢來慰問將兵，先前這個展在臺北舉辦頗受好評，後來移師高雄，在臺灣軍司令部、總督府、高雄州、市、州國防義會、軍人援護會的協辦下，就選在高雄商工獎勵館（第一會場）和高雄高女（第二會場）校園內舉行，免費入場，每日上午 9 時起下午 5 點止，唯第一天上午招待特別來賓，下午開放給一般民眾。

---

24　竹中信子著，曾淑卿譯，《日治臺灣生活史：日本女人在臺灣──大正篇》，
　　頁 436。

第一會場中展出小朋友的勞軍文章、勞軍圖畫，這些獻給前方勇敢將兵的作品，看了之後令人忍不住心酸流。小朋友們一聽到將兵即將歸來，立刻口耳相傳：「我要趕快寫文章獻給將兵！」[25] 另外有關一間房間播放軍歌，很多來訪參觀者被音樂吸引。透過這種種的展覽，重新體認身為戰線後方國民應盡之義務和戰場上將兵的辛苦。

第二會場是高雄高女的聖戰美術展，很多畫作具體呈現出戰場上詭譎不安的氣氛。特別是展覽場中設立慰問品服務處，有各家商店以原價賣出的模範慰問袋，供一般參觀者認購，展覽結束後，發送到指定地點，包裝費和運費由主辦單位負擔，[26] 慰問袋一推出馬上一掃而空。此活動主要是向民眾宣導國家安全的重要性和恤兵的重大意義，全國上下一心效力國家，同時感謝勞苦功高的將兵們。以及，1942 年 2 月 21 日共三日由皇軍中央本部及高雄州支部在高雄高女校園內國民

圖 244　聖戰美術展的招牌
來源：〈時局恤兵展　第一日から大盛況〉，《臺灣日日新報》日刊（1941 年 4 月 17 日），第 4 版。

---

25 〈時局恤兵展　第一日から大盛況〉，《臺灣日日新報》日刊（1941 年 4 月 17 日），第 4 版。

26 〈高雄の恤兵展　四月十六日から三日間〉，《臺灣日日新報》日刊（1941 年 3 月 16 日），第 4 版。

學校職員的「模型機製作講習會」[27]。

## ◎ 勤勞集體生活

　　1938 年 6 月日本文部省頒布〈集團的勤勞作業實施に關する件〉，就是「集團勤勞作業實施要件」，明訂全國中等以上學校學生需義務從事軍需產業與農務生產等勞動工作，特別是要求學生在暑假進行義務勞動，高雄高女學生當然也不列外，透過集體行動來付出勞力，替社會或國家奉獻。

圖 245　勤勞集體生活
來源：1939 年高雄高等女學校《卒業記念寫真帖》。

---

27　太平洋戰爭爆發後，國民學校的「藝能科」，也增加了「模型航空機教育」
　　的正式科目，因此引發模型飛機熱潮。臺灣的學童，被期望透過模型飛機
　　與模型降落傘的製作，了解科學原理、激發可實用於戰場的創意，以及在
　　製作與實驗的過程中，培養堅忍不拔的精神，更進一步體認「科學是未來
　　成就（戰勝）的保障」。〈看護助手　高雄醫院で實習〉，《臺灣日日新報》日
　　刊（1942 年 2 月 22 日），第 4 版。

　　隨著戰爭的擴大，總督府對勞力的需求也日益升高，因此展開勤勞奉仕運動，以動員學生、青年及婦女從事各項勞動。1943 年 10 月 29 日總督府發布〈臺灣決戰態勢強化方策〉，女性動員方面偏重強化農業生產力與食糧增產，所以設置「女子勤勞奉仕隊」。對高雄州來說，一個青年團編成一勤勞奉仕隊，其下設分隊，隊員接受分隊長及指導員的指揮。勞動內容有：[28]

1. 開墾及開墾地的利用經營。
2. 植林造林。
3. 神社工程。
4. 治水及水利工程。
5. 河川、灌溉溝渠及道路的建造修理。
6. 其他認為適當的設施。

　　在男性勞力日漸缺乏的，婦女動員的範圍就越發廣泛，到太平洋戰爭開始，防火演習的工作變成「訓練」，意謂婦女漸漸由「從旁協助」的角色變成「主要戰力」的角色。[29] 1944 年 8 月 23 日日本政府首先公布實施〈女子挺身勤勞令〉，1945 年 1 月 7 日臺灣總督府亦制定公布〈女子勤勞挺身令施行細則〉開始在臺灣實施，規定凡 12 歲到 40 歲的未婚女性，總督府得以任命她們到國家必要的業務場所，從事為期一年的挺身勞動，這是一種人力資源的完全動員，所有人都要工作。

---

28　楊境任，〈日治時期臺灣青年團之研究〉（桃園：國立中央大學歷史研究所碩士論文，2001），頁 129。

29　王佐榮，《帝國興亡下的日本‧臺灣：1895 ～ 1945 年寫真書》，頁 150。

圖 246　集體勞動
來源：1942 年高雄高等女學校《卒業記念寫真帖》。

　　女學生從事勞動服務已成為日常生活的一部分，不論哪間學校，都將原來種在校園裡的花草，改種蓖麻及蕃薯，由學生們施肥照料，等待收成。高雄高女利用暑假勞動，開墾了三千多坪的空地，栽種蔬菜。[30] 1944 年中等以上學生全員進入工廠工作，此舉將教育演變成「勞動為主，學業為輔」，1945 年全國各級學校停止修業一年，全國學生總動員進入工廠農舍彌補勞力短缺。女性的勞動價值在戰爭時期的重大改變，可以看出傳統的養兒育女工作已經無法符合時代需求，因此大批的婦女走入社會各基層從事各項原本由男性擔任的工作，這種無心插柳直接造成戰後婦女社會地位的提升，及職場工作平等的概念在無形中萌芽。[31]

---

30　竹中信子著，曾淑卿譯，《日治臺灣生活史：日本女人在臺灣──大正篇》，頁 308。

31　王佐榮，《帝國興亡下的日本・臺灣：1895 ～ 1945 年寫真書》，頁 159。

## ◎ 有志者，事一定成

戰爭期間日本政府一方面組織青年團動員年輕人，另一方面也在意識型態上重新改造，1937 年 9 月頒布〈國民精神總動員實施要綱〉及〈臺灣總督府國民精神總動員本部規程〉，大力推行國民精神總動員運動，著眼於日本國家意識的塑造、戰爭意識的灌輸與後方戰爭的協力上。

1937 年 10 月 29 日下午 4 點召集各中等學校校長於高雄州會議室，訓勉大家徹底發揚實際的優質精神教育，全國正籠罩在國民精神總動員的氣氛之下，在學生方面，各州立男女中等學校學生對當下時局應擬定策略來應變，高雄州特別希望高雄中學、高雄商業、屏東農業、高雄高女、屏東高女等五校的學生大團結，共同組成「高雄州中等學校勞軍團」，隸屬於國民精神總動員高雄支部，大家共體時艱，一起實行愛國運動。[32]

隔天 10 月 30 日教育勅語換發當日，高雄州為了提振教育工作者的士氣，配合國民精神總動員，舉行教育者大會，與會人員有中等學校、實業學校、初等學校的教員共六百餘人，大會會長內海知事、高原內務部長、土居教育課長、三浦督學等人之外，還有民間有志人士出席參加。早上 10 點大家集中在第一場會場高雄神社，舉行皇軍軍勢強盛的祈福祭典，祭典結束後，參拜宮城、神社，祈求皇軍軍運昌隆，內海知事以下的各市郡代表捐獻金錢，然後閉會離場。在旗隊和樂隊的引導下，大家手持國旗，高唱愛國歌曲，一路走到第二會場高雄高女。下午 1 點後，在高雄高女講堂舉行教育勅語奉讀儀式、奉答

---

32 〈高雄州中等學校　奉公隊を結成　積極的に愛國運動開始〉，《臺灣日日新報》日刊（1937 年 10 月 30 日），第 5 版。

歌奉唱，內海知事精神訓話，市郡代表者就國民精神總動員運動發表相關意見。在這非常時期之際，身為各州教育家應有更深的覺悟。最後由內海知事帶頭高喊三聲萬歲，下午 3 點結束散會。[33]

　　1942 年 1 月 3 日臺灣總督府以訓令第一號發布〈學徒奉公隊章程〉，將臺灣中等以上學校的學生編入「學徒奉公隊」，以學生人力來協助戰爭，要求學生參加戰技及防空訓練、糧食增產、陣地構築、軍事服務、神社清掃、探視病患及其他各種勞務工作，以達到盡忠報國之目的。1943 年下半年由於日本政府戰事吃緊，除了在課程上作一番修正外，更明文規定在一年中有三分之一的在學時間可以動員學生，顯然情勢所逼，總督府已決意大量利用學生勞力。一方面為了大東亞戰能獲得勝利，決定增產糧食，高雄州下各級學校在奉公隊的協助之下，開始栽種蔬菜，各級學校利用校內空地或花壇來栽種蔬菜，此外若附近有適合的空地也一併納入栽種的範圍。高雄第一高女[34] 利

圖 247　糧食增產
來源：1943 年高雄高等女學校《卒業記念寫真帖》。

---

33　〈高雄州中等學校　奉公隊を結成　積極的に愛國運動開始〉，第 5 版。
34　高雄高女於 1943 年改名高雄州立高雄第一高等女學校，簡稱「高雄第一高女」。

用空地二千二百多坪，和向農會所借的苗圃五百多坪，來栽種蕃薯、蔬菜。[35]

1944 年 3 月基於〈臺灣決戰非常措置實施要綱〉，制定〈學徒動員令〉和〈學徒動員實施要綱〉，整備擴大「學徒奉公隊」的組織，使各州廳學徒奉公隊的活動得以有更大的自由度。在這個實施綱要中，總督府依據學生的教育類別與程度，作不同的任務調配，高等女學生多從事糧食增產作業與國防建設事業等。糧食增產則有以正式課程的名義如園藝課，規定學生必須學習插秧、收割等農業技術，或者利用學校校內空地闢建菜園、甘薯田，讓學生參與耕作。

大部分女學生除了上述任務之外，還有生產軍需品。農忙時期，就會以「學徒奉公隊」的名義到校外幫忙農家助耕、收割，或者闢地耕種國策作物。女學生的勞動服務及動員，學校校舍應共同使用，動員學生及軍隊的宿舍。根據 1931 年出生的金松和子校友回憶：

> 沒有休閒活動。因為那時候在打仗，回家都要幫忙挖番薯或做家事，很懷念那時候在臺灣的生活，雖然有點辛苦，不過大家一起工作真的很快樂。

（2014 年 11 月 7 日雄女九十週年日籍校友返校訪談）

國民勞動制度的革新可由整備由女子替代男子勞動的制度開始，特別是農業女性的勞動制度，全島約有五千個村落農業團體都將女子增援隊編入，活用閒置女性勞力，促進生產，發展出代替男子勞力的制度。1944 年底，〈學徒勤勞令〉、〈緊急學徒勤勞動員方策要綱〉、

---

35 〈增產に乙女等起つ 空閒地利用正に三千坪 高雄高女生等蔬菜栽培〉，《臺灣日日新報》日刊（1942 年 7 月 31 日），第 4 版。

〈女子挺身隊勤勞令〉依序發布，依國家總動員所需之運輸通信、衛生救援、試驗研究、土木建築與警備等任務，經總督指定或經地方州廳提出請求，學生更須積極參與。

## ◎ 前線好消息

1941 年 12 月日本進一步發動「太平洋戰爭」，初期日軍進軍各地，相繼佔領了關島、香港、馬來西亞、新加坡，甚至 1942 年荷蘭駐印尼軍全面投降，勢如破竹連戰連勝，一連串的勝利使得日本政府開始大力宣傳，在臺的本島人於社會和心理層面上都認為自己是勝利的那一方，於是臺灣各地也紛紛開始慶祝。在高雄州方面，還特地舉辦「高雄州中等學校報國團結式之日」來慶祝戰捷，組織各中等學校繞街遊行，行經地點主要鹽埕一帶，盡是商業或行政中心，以宣示日本侵襲行動的成功，遊行隊伍從早到晚不停歇。

進軍東南亞各地讓戰事越到後來越吃緊，產業的成長率開始變得很緩慢，對面一直增加的軍事開支大家疲於應付，1944 年開始美

圖 248　慶祝戰捷——高雄高女隊伍
來源：1938 年高雄高等女學校
　　　《卒業記念寫真帖》。

圖 249　慶祝隊伍行經高雄警察署
來源：1938 年高雄高等女學校
　　　《卒業記念寫真帖》。

圖 250　勝報的遊街車
來源：1942 年高雄高等女學校
　　　《卒業記念寫真帖》。

圖 251　勝報的日子
來源：1942 年高雄高等女學校
　　　《卒業記念寫真帖》。

軍頻繁的轟炸臺灣，臺灣被迫過著物質缺乏的生活，各地開始出現敗跡，日本當局要求隱匿敗報，只准播報好消息，被篩選過的前線零星捷報傳回臺灣，居民更是欣喜若狂，各類宣傳車大張旗鼓，大街小巷好不熱鬧，各級學校也為表示慶賀，都在學校門口懸掛日本國旗，開心的情緒洋溢在臉上。

## ◎ 戰事追悼會

大戰爆發，免不了無數的醫護死傷，為了善終那些為大日本效忠殉職的前線烈士，常舉辦儀式來祭拜為國犧牲的「護國英靈」。如 1941 年 10 月 3 日高雄州軍人援護會與高雄州支部共同銃後奉公會，一起實施「戰歿軍人軍屬的慰靈

圖 252　追悼會──長官祭拜
來源：1943 年高雄高等女學校
　　　《卒業記念寫真帖》。

祭」，在高雄市役所前廣場舉辦。[36] 有時候也以「追悼會」的形式以慰逝世將領在天之靈，如 1942 年在高雄高女舉行的追悼會儀式流程如下：

1. 開式的辭
2. （未知）
3. 降神
4. 獻饌
5. 祝詞奏上
6. 祭文奏上
7. 玉串
8. 撤饌
9. 昇神
10. 閉式的辭

圖 253　追悼會——學生祭拜
來源：1943 年高雄高等女學校《卒業記念寫真帖》。

圖 254　追悼會合影
來源：1942 年高雄高等女學校《卒業記念寫真帖》。

---

36 〈家族の近況を添へ　鄉土通信を勇士に　軍人援護會　高雄市分會から發送〉，《臺灣日日新報》日刊（1941 年 10 月 4 日），第 4 版。

## 8-4　戰事終結

　　日本統治臺灣初期，在高雄陸續展開築港工事，疏濬航道、填海造陸，逐步建立起高雄港的規模。進入 1930 年代後，隨著日月潭第一發電所的完工，日本財團在高雄市成立了需要大量電力的日本鋁株式會社高雄工場，是當時高雄市規模最大的現代化工廠。1937 年，中日戰爭爆發，之後日本又發動大東亞戰爭，為了支援軍事上的需要，日本在高雄地區相繼建立了多座軍需工業設施，如高雄港週邊地區的南日本化學工業株式會社、旭電化高雄工場、高雄製鐵株式會社，及位於半屏山麓的第六海軍燃料廠高雄施設。

　　不過到了 1944 年，由於日軍在太平洋地區節節敗退，美軍開始從航空母艦或菲律賓陸上基地出動飛機，對臺灣發動大規模空襲。高雄市因為高雄港與軍需工業的重要性，遂成為空襲的主要目標。加上高雄市位於臺灣南端，因機械故障或受天候影響而無法轟炸臺灣中北部的飛機，也往往將高雄市當成預備目標，在返回菲律賓的途中把剩餘的炸彈投在這裡。高雄市因此成為二次大戰期間，臺灣地區落彈量最高的城市。

　　1943 年 3 月 27 日〈臺灣總督府官報〉告示第三百零五號將高雄高女改名為「高雄州立高雄第一高等女學校」（以下簡稱高雄第一高女），然而因為位置緊鄰鹽埕，又在高雄川出海口，離高雄港不遠，當時美軍在高雄選定的轟炸目標幾乎都是高雄港周邊設施，如臨港線鐵路、自來水設施及工業廠房。在大量炸彈的攻擊下，高雄第一高女一定免不了被波及，所以在大戰末期，其實學校已經受損嚴重。

　　1945年5月22日日本政府依勅令第三百二十號頒布〈戰時教育令〉，宣布戰爭已進入最後決戰階段，徹底動員所有學生從事戰時需要的空中防衛、軍需品生產與勞動工作，同時為便於從事戰時各項軍事工作，也規定每所學校的教職員及學生需組織學徒隊。學徒隊也在臺灣執行，臺灣總督府頒布第一百號揭示〈戰時教育令施行規則〉，規定臺灣中等以上學校學生亦需加入學徒隊，分設大隊、中隊、小隊和班等單位，以各校校長為隊長，其餘各分隊長由教職員、學生當中任命。

圖 255　高雄高女校舍轟炸狀況
來源：林育如提供。
註：　　此照片攝於1946年3月，圖中位置是在今光榮碼頭一帶，右後方戰後為臺灣省立高雄第一女子中學（原高雄第一高女），校舍屋瓦不全，可以受損嚴重。戰後國軍接收臺灣，各地日僑以火車載運至高雄港等待受檢「引揚」[37]返國，此圖為國軍運送臺南一地日本僑民至港區集中管理所攝影的照片。

---

37　引揚日文為「引き揚げ」，指二戰後原居日本海外各殖民地之國民返回日本本國之行為。

1945 年 8 月 15 日日本正式宣布無條件投降，大戰終於結束，各地滿目瘡痍。高雄第一高女因校舍遭遇空襲，破壞甚烈，校舍及內部設備諸多毀損，致學校運作暫時停頓，所以臨時暫借「大和國民學校」（今前金國中）復課。

## ◎ 重新整頓再出發

1945 年 10 月原高雄第一高女由省政府派任高雄州接管委員會陳東榮先生到校接收，並暫代校務，主要任務是維護和保管財產設備，等候政府正式派員接辦。1945 年 11 月 7 日，行政長官公署公布〈臺灣省各級學校及教育機關接收處理暫行辦法〉，其中第二條規定：「各州廳立之中等學校，概由州廳接管委員會先行接收，暫就原校或鄰校教職員中遴選學識能力較優之臺胞，委派代理校務，並負責保管所有設備財產，聽候派員接辦。」第六條：「各學校及教師機關，除了國語、國文、公民及史地教育等科目，應由國人充任外，得酌量暫時留用日籍教員，以免業務停頓。」學校行政及經費方面，省教育處頒〈省立各校接收須知〉及〈新任校長接收須知事項〉，接收人員對於校產及經費必須點收清楚，列冊核報。省教育處對各校名之改定，認為州廳的力量單薄，各公立中等學校應該由省辦理，以便發展，因此將原有州廳立的中等學校改為省立中學，如同一地方有兩校以上，則依次標明數字，如 12 月 5 日改名為「臺灣省立高雄第一女子中學」[38]。1946 年 4 月臺灣省教育處改派吳伯俊先生為校長兼任高雄第二女中校長，第一女中學校因戰爭期間遭受猛烈轟炸，校舍毀損嚴重，故初期的工作重點擺在整建恢復校舍。

---

38　林顯茂主編，《高雄市各級學校校史校歌專輯》（高雄：高雄市政府教育局，1981），頁 31。

表 33　1945 年班級數及教職員學生數表

| 學校名 | 班級數 | 教職員數 | 學生人數 |
|---|---|---|---|
| 高雄第一女子中學 | 11 | 27 | 453 |
| 高雄第二女子中學 | 12 | 15 | 795 |

來源：高雄市立高雄女子高級中學，《斑城 80 之雄女事》，頁 34。

　　在接收過程中，校舍因臨近高雄港和鹽埕，受轟炸程度嚴重，面臨建築物殘缺不全的困境，根據校方提供戰後初期的資料顯示，原有特別教室 7 間、普通教室 12 間、學生平均四百人左右。接收人員與視察團將修建設分別附具圖說，擬訂各項設備分期充實計畫，1946 年第二學期由省教育處核撥鉅款修建，其中高雄第一女子中學獲得 100 萬元補助[39]。後來學制仿效美國，1946 年高雄第一女子中學增設高中部，兼辦初、高中。1947 年 6 月 1 日年將高雄第二女子中學臺灣本省籍學生移至高雄第一女子中學，高雄第一女子中學的部分日籍生移至高雄第二女子中學。

　　1947 年後日人「引揚」回國，日籍生隨家人陸續遣返，教育局鑑於實際上的需要，遂將高雄第一女子中學和高雄第二女子中學[40]正式合併，改名為「臺灣省立高雄女子中學」，兼辦初、高中。根據臺灣省秘書書處電省教育廳之「38 卯皓秘機字第 22439 號」的公文顯示，

---

39　蘇靜華，〈戰後初期臺灣女子中等教育之研究（1945 ～ 1949）〉，頁 29。

40　大戰期間 1943 年日本政府設立的為「高雄州立高雄第二高等女學校」，上原景爾為首任校長，招收本科二班，名額 100 人，根據總督府職員紀錄，校諭四人、書記二人、囑託五人和雇員一人，校址在高雄市湊町四丁目五番地，也就是現在鼓山國小所在地，建校經費大多移作戰爭使用，還未正式建立校舍，所以當時是借用校舍暫時上課，戰後為「臺灣省立高雄第二女子中學」。

1949 年 3 月 8 日省立高雄女子中學上簽給教育廳,因為校舍被炸毀嚴重,教室不敷使用,請求年度預算編列修建費用 9,000 萬元,一次撥發。

1961 年試辦「省辦高中、縣市辦初中」的政策,1961 年 8 月初中部停止招生,待 1964 年初中完全畢業後,專招高中。1970 年 8 月奉臺灣省政府命令改名為「臺灣省立高雄女子高級中學」,1979 年 7 月 1 日高雄市升格院轄市,改隸高雄市政府管轄,再度更名為「高雄市立高雄女子高級中學」,直到今日。

# 9. 未來──忠勤嫻淑雄女人

1887 年森有禮擔任文部大臣期間特別指出:「教育是國家富強的根本,而教育之根本乃在女子教育,故女子教育之興棄關係著國家安危。」同時又強調女子教育之目的在培養「賢妻良母」。可見,森有禮的教育思想不僅具有傳統「賢妻良母」的思想,同時在國家主義精神下,將個人德性的養成,置於成就忠君愛國的目的,將個人道德範行編入國家的成就,成為建構明治國家的統治原理,因此,女子教育的變革僅是在受教權層面,傳襲兩性平等的觀念,但其內涵卻仍以「涵養婦德」為其目的。

日本人 1895 年開始治理臺灣,隨即將新式教育帶入臺灣。1922 年教育政策調整,全臺各地各級學校紛紛設立,高雄高女於 1924 年創立,成為帝國最南的高等女學校,高雄港都也開啟了女子中等教育史嶄新的一頁。高雄港於日本時代密集開發,連帶哈瑪星與鹽埕埔也蓬勃發展,不僅如此,高雄川的整治與高雄高女的學校選址與設置,一齊往東帶動河流左岸新生土地一番新的氣象。位在熱帶南國的高雄高女,校舍的一磚一瓦興建都經過仔細思量,不論是前庭的自行車道、或是大門的樹圍籬,以現在的眼光來看都是深具遠見與永續經營的綠色思想。

當時候接受中等教育其實沒有那麼簡單,尤其是女孩想要成為高雄高女人,更是需要重重的選汰。正式進入學校後就開始了一系列「良妻賢母」的課程培養,從起身坐姿開始要求的修身課、新式教育的數學物理、一針一線的手藝縫紉課、一唱一跳的音樂會學藝會,以及運動會、遠渡高雄港、大遠足、新高登山的體能訓練等,這些課程和活動都看得到每位女學生各展精良。對女學生來說,高等女學校的學校歲月不僅是人生中最浪漫、最無拘束的時段,期間學習的知識、

教養，也形成未來的生活品味，[1] 不同以往的閱讀、旅行，以及各種休閒活動，打開每一位高雄女兒的新視野。

　　日本在臺灣實施的女子中等教育，被稱為「賢妻良母」教育，以培養在家庭中操持家務的賢妻良母為最主要目的。教育是為了要讓女性可以學得一技之長，因此在高等女學校的教育中，關於「如何成為女人」的課程，如禮儀、裁縫、家政等就顯得特別重要。[2] 修習課程、參與活動，不再只限男生，每位女學生學得知識、習得技能，因為跨過了傳統的性別隔閡，從家庭走入學校、社會，投入各行各業，參與各種社會活動，這群受教婦女反過來也改善家庭，教化社會，甚至啟發民智，讓婦女的角色多元化，對當時臺灣社會產生多元的影響，儼然成為時代的新女性。[3]

　　現代學校的課程設計，固然與新的學科知識形成有關，但是更重要的是，這些科目的成立原理與教授內容，都與「國家」有關，如國語就是教授國家指定的語言、史地、數學、理科等。對於高等女學校來說，基礎學術科目之外，也有家事、裁縫、修身、插花、茶藝、彈琴等課程，期待培養學生成為一位「標準的淑德女子」。直到戰前日本女子教育強調貞淑之德心，鼓勵女子當「賢妻良母」，[4] 也蘊含著國家對國民一致性的要求。動靜皆宜的課程安排，理論與實作的紮實養成，女學生在學習的過程中獲得新知，也潛移默化國家的概念於女學

---

1　卓姿均，〈日治時期臺灣高等女學校〉，《臺灣學通訊》，（94）（2016），頁17。

2　許佩賢，《太陽旗下的魔法學校：日治臺灣新式教育的誕生》，頁162。

3　游鑑明，〈女子教育與女性角色多元化〉，頁6。

4　許佩賢，《太陽旗下的魔法學校：日治臺灣新式教育的誕生》，頁162。

生心中，學校每年、每學期的例行活動更是無微不至地培養女學生成就未來的皇民。

高雄港的治理是日本殖民政府偉大的豐業，利用高雄港來宣揚殖民統治的現代性，高雄高女學生的水、陸域的認知都與高雄港有關，不論是西子灣的游泳、臨海教育，或者是高雄港的遠泳、大遠足，其實是學校／殖民政府透過體育活動，一方面訓練學生身體，將來為日本帝國效忠，另一方面將訓練成果向社會大眾展示，讓大眾有參與感；同時讓大眾感受與了解身體改造的結果，進而支持現代教育。筆者認為，「遠渡旗津」與「高雄港大遠足」是日本時代高雄高女獨特的兩大學校本位與環境教育之特色課程，兩項活動都表現出高雄高女與高雄港有著良好的互動關係，如有未來有一天要重返高雄高女的日式榮耀，在各方條件成熟允許之下，或許這是個不錯的思考方向。

日本殖民臺灣五十載，引進新式教育教育絕對是 20 世紀日本人帶給臺灣重大的影響。雖說女子教育內容包含許多近代的學科知識，但最終的目的還是希望女性回歸家庭[5]，所以說「良妻賢母」的思想貫串當時殖民政府在學校運作與活動的每一項安排，但不諱言新式教育之現代性的培養，受惠的其實是每位曾經身為高雄高女的每一份子。從創校開始，培養了無數位雄女人，至今散布在世界各個角落發散著自己的光和熱，為這個社會或者這塊土地供獻自己的所長。現今高雄女中接續日本時代高雄高女學姐們的夢想，許多有關於雄女的故事我相信很多人正在編織與發想，校訓裡寫的「忠誠嫻淑」，一定要靠新生代來發光發亮，這就是所有雄女人需要努力的下一道力量。

---

5　卓姿均，〈日治時期臺灣高等女學校〉，頁 17。

# 參考文獻

## 一、史料

歷年《全島中等學校入學試驗問題集》。

歷年高雄高等女學校《卒業記念寫真帖》。

歷年《高雄州學事一覽》。

歷年《高雄州報》。

歷年《臺南新報》。

歷年《臺灣總督府學事年報》。

歷年《臺灣日日新報》。

歷年《臺灣新民報》。

《昭和十三　高雄州立高雄高等女學校一覽》。

《臺灣學事法規》，臺灣教育會。

《臺灣總督府公文類纂》，〈高雄高等女學校設置ノ件〉，國史館臺灣文
　　獻館數位典藏，典藏號：00007249023。

《臺灣總督府公文類纂》，〈高雄高等女學校學則ノ件〉，國史館臺灣文
　　獻館數位典藏，典藏號：00007249015。

《臺灣警察時報》（1939），〈兵隊さん有難──全島女學生の慰問文〉。

作者不詳（1931），〈全島中等學校教員家事科研究會〉，《臺灣教育》。

作者不詳（1934），〈高雄教育通信──高雄高等女學校創立十週年記念
　　式〉，《臺灣教育》。

福島義尚（1937），〈見よ！！銃後の護りは愈々鞏し飛躍我が本部の軍
　　事後援事業を、續篇──空襲の慘禍　婦人も鄉土を守れ〉，《臺灣
　　愛國婦人新報》。

臺灣教育會（1904），〈久保田文部大臣演說〉，《臺灣教育會雜誌》，
　　（29）。

## 二、專書

小山權太郎（1930），《高雄市大觀》。南國寫真大觀社。

山本禮子（1999），《植民地の臺灣高等女學校研究》。日本：多賀。

王佐榮（2015），《帝國興亡下的日本‧臺灣：1895 ～ 1945 年寫真書》。臺北：知兵堂出版社。

朱珮琪（2005），《臺籍菁英的搖籃：臺中一中》。臺北：遠足文化。

竹中信子著，曾淑卿譯（2007），《日治臺灣生活史：日本女人在臺灣——大正篇》。臺北：時報文化。

吳榮發（2007），《南國的十字星：高雄中學 85 週年校慶特刊》。高雄：高雄市立高雄高級中學。

周盟桂（2004），《高雄老明信片》。高雄：高雄市政府文化局。

林茂生（2000），《日本統治下臺灣的學校教育：其發展及有關文化之歷史分析與探討》。臺北：新自然主義。

林顯茂主編（1981），《高雄市各級學校校史校歌專輯》。高雄：高雄市政府教育局。

徐佑驊、林雅慧、齊藤啟介（2016），《日治臺灣生活事情》。臺北：翰蘆圖書。

高雄市立高雄女子高級中學（2005），《斑城 80 之雄女事》。高雄：高雄市立高雄女子高級中學。

許佩賢（2005），《殖民地臺灣的近代學校》。臺北：遠流。

許佩賢（2012），《太陽旗下的魔法學校：日治臺灣新式教育的誕生》。新北：東村。

陳中和基金會（2008），《高雄百年歷史影像專輯 1870-1970》，高雄：高雄市歷史博物館。

臺灣省行政長官公署統計室（1946），《臺灣省五十一年來統計提要》。
　　臺北：臺灣省行政長官公署統計室。

蔣竹山（2006），《島嶼浮世繪：日治臺灣的大眾生活》。臺北：蔚藍文
　　化。

## 三、單篇論文

杜正宇（2017），〈論二戰時期的臺灣大空襲（1938-1945）〉，《國史館館
　　刊》，（51），頁 59-95。

卓姿均（2016），〈日治時期臺灣高等女學校〉，《臺灣學通訊》，（94），
　　頁 16-17。

林丁國（2013），〈從日記資料析論日治時期臺日人士的體育活動〉，《運
　　動文化研究》，（22），頁 73-118。

林玫君（2004），〈日治時期臺灣女學生的登山活動——以攀登「新高山」
　　為例〉，《人文社會學報》，（3），頁 199-224。

林玫君（2006），〈健康、實學與教化——日治時期臺灣公學校登山活動
　　的論述分析〉，《臺中技術學院人文社會學報》，（5），頁 69-91。

林玫君（2014），〈日治時期的臺灣女子體育講習會〉，《國史館館刊》，
　　（41），頁 77-132。

金湘斌（2009），〈運動慶典的形成——日治初期臺灣公學校運動會
　　（1895 ～ 1911）〉，《運動文化研究》，（9），頁 109-150。

凌宗魁（2013），〈國立臺中第一高級中學老紅樓建築評析〉，《臺灣博物
　　季刊》，117：32（1），頁 52-63。

徐瑋瑩（2011），〈打造時代新女性：由日治時期學校身體教育探尋臺
　　灣近代舞蹈藝術萌發的基礎〉，《臺灣舞蹈研究期刊》，（6），頁 72-
　　111。

張耀宗（2013），〈日治時期的蕃童教育所學藝會的創辦與發展〉,《教育學誌》,（29），頁 105-130。

許佩賢（2011），〈日治時期的學校身體檢查〉,《臺灣學通訊》,（55），頁 10-11。

許聖迪（2012），〈老照片看地景──日本時代高雄州立高雄高等女學校的校園景觀〉,《高雄文獻》,2（4），頁 145-153。

陳瑛珣（2014），〈日治臺灣女子教育的現代精神──以彰化高女為例〉，收於《第五屆性別藝術與文化學術研討會》。臺中：國立勤益科技大學文化創意事業系。

游鑑明（2000），〈日治時期臺灣學校女子體育的發展〉,《中央研究院近代史研究所集刊》,（33），頁 1-75。

游鑑明（2016），〈女子教育與女性角色多元化〉,《臺灣學通訊》,（94），頁 4-7。

滝澤佳奈枝（2016），曾錦鈺譯,〈日治時期女子教育家政科〉,《臺灣學通訊》,（94），頁 12-13。

鄭涵云（2016），〈日治時期臺灣高等女學校的制服〉,《臺灣學通訊》,（94），頁 28-29。

## 四、學位論文

沈方茹（2003），〈臺北市公共巴士之發展（1912-1945 年）〉。桃園：國立中央大學歷史研究所碩士論文。

卓姿均（2016），〈日治時期高等女學校與臺灣女性〉。臺北：國立臺灣師範大學臺灣史研究所碩士論文。

周湘雲（2009），〈日治時期臺灣熱帶景象之形塑──以椰子樹為中心的研究〉。新竹：國立清華大學歷史研究所碩士論文。

林秀玲（2003），〈高雄中學與「二二八事件」〉。臺北：國立臺灣師範大學歷史研究所碩士論文。

林玫君（2004），〈日本帝國主義下的臺灣登山活動〉。臺北：國立臺灣師範大學體育學系博士論文。

林雅慧（2009），〈「修」臺灣「學」日本：日治時期臺灣修學旅行之研究〉。臺北：國立政治大學臺灣史研究所碩士論文。

洪啟文（2007），〈高雄港市聚落的形成、擴展與互動發展（1624-2004年）〉。臺北：中國文化大學地學研究所博士論文。

孫嘉吟（2015），〈日治時期學生跨地域旅行研究〉，臺北：國立臺灣師範大學臺灣史研究所碩士論文。

許峰瑞（2011），〈1922 年至 1945 年臺灣高等女學校圖畫教育研究〉。彰化：國立彰化師範大學藝術教育研究所碩士論文。

陳宜君（2013），〈製作健康兒童——日治時期臺灣學校衛生事業之發展〉。臺北：國立臺灣師範大學臺灣史研究所碩士論文。

陳義隆（2008），〈日治時期臺灣武道活動之研究〉。桃園：國立中央大學歷史研究所碩士論文。

彭威翔（2009），〈日治時期臺灣學校制服之研究〉。臺北：國立政治大學臺灣史研究所碩士論文。

游鑑明（1987），〈日據時期臺灣的女子教育〉。臺北：國立臺灣師範大學歷史研究所碩士論文。

楊境任（2001），〈日治時期臺灣青年團之研究〉。桃園：國立中央大學歷史研究所碩士論文。

廖珠岑（2004），〈臺灣日治時期中學校講堂初探——以校園空間計畫及儀式活動為主的論述〉。臺南：國立成功大學建築學系碩博士班碩士論文。

劉方瑀（2004），〈被選擇的臺灣──日治時期臺灣形象建構〉。臺南：
　　國立成功大學歷史學系碩博士班碩士論文。

鄭人豪（2009），〈日治時期臺灣游泳運動史之研究〉。臺北：淡江大學
　　歷史學系碩士班論文。

蘇信宇（2001），〈臺灣日治時期中學校與高等女學校建築之研究〉。臺
　　南：國立成功大學建築學系碩士論文。

蘇靜華（2005），〈戰後初期臺灣女子中等教育之研究（1945 ～ 1949）〉。
　　臺北：國立臺灣師範大學歷史學系在職進修碩士班碩士論文。

# 由衷感謝

這本書前前後後浸潤了四年，好像念完四年完整一輪的高雄高女。這是我自己在歷史書寫上第一次，累積了平常我自己有興趣、所關心的議題，雜揉了女性、教育、文史、地理等這些的雜七雜八的不務正業。這一次的開端，感謝我在臺灣師大時修習洪致文老師「地景調查與分析」，在廢墟、田野中訓練我如何出草、掌握資料，後來一份《高雄女中校園導覽圖》正是師承自此，之後，我自己陸續在《高雄文獻》裡對雄女有更深入的研究，此後就真正跟高雄高女結下不解之緣，洪師也是這本書最源頭的開端。

當然這本書承載著很多人的幫忙，著實感謝著很多人的幫忙。感謝中研院提供圖資，感謝廖泫銘、王御風、張維斌等老師提點，感謝高雄市政府文化局「寫高雄」的研究和出版計畫、匿名審查老師，感謝高雄史博館、王興安大哥的協助，感謝高雄高女日本籍學姐提供回憶，與雄女105級第二外語班日文組九十週年校慶協助訪談，感謝郭景珣小姐協助校稿，感謝顏博政、林育如提供老照片，感謝友人黃彥傑、廖明睿繪葉書無私分享，感謝高雄女中校史室、圖書館提供史料，感謝雄女余碧芬、林全義、黃秀霞校長鼓勵，感謝劉恕恕、黃俊雄、湯志偉提供資料與行政協助，感謝陳紀蓉老師、鍾恂恂協助專業的日文翻譯，感謝陳雲占、謝虹琳、蘇美月、謝杏子、沈秀玲、劉恩豪、陳君涵、鄒玫等雄女的諸位老師寶貴經驗與諮詢，感謝蔡元媛發表在中學小論文的雄女校友研究，最後是歷史科洪美華老師，我在雄女服務期間，非常感謝妳的多方指點，在妳身上學習到對學術知識探求的孜孜不倦，讓我更感動的是，我看到妳在工作上極盡老師對學生的呵護，在情感上更是雄女學姐對學妹的精神傳承，我想，對妳、和

雄女這個地方的感情，有很多是說不盡的感激，容我用這本書好好謝謝妳。

最後，雖然我不是雄女學生，僅因緣份短暫成為雄女老師，念了四年終於「功德圓滿」，畢業後我樂當終生的雄女人。最後，這本書如果要有個歸宿，我想好好送給日本時代高雄高等女學校的那些學姐們，ありがとうございます。

許聖迪

# 附錄

## ◎ 高雄高女舉辦之高雄州陸上競賽選手權大會（錦標賽）

| 屆次 | 時間 | 內容 |
|---|---|---|
| 4 | 1935 年 12 月 9 日 | 由臺灣體育協會高雄支部主辦「第四回州下陸上競技選手擴大會」，早上 10 點在高雄高女學校運動場舉行，不少一流的女選手參加，時間一到，由西澤支部長臨場，選手接著入場，一起合唱君之代，然後國旗揭揚，優勝刀和優勝楯返納，支部長開場，10 點半競走部的男子一百米豫選，跳擲部女子走幅跳決勝同時開始，當天天氣晴朗，很多都破大會記錄，最後於下午 4 點半閉會。 |
| 7 | 1938 年 1 月 15 日 | 始由臺協高雄支部主辦的「第七回高雄州下陸上選手權大會」於高雄高女運動場開始，15 日下午 2 點，16 日早上 10 點。 |
| 8 | 1939 年 1 月 21 日 | 下午 2 點開始由臺灣臺灣體育協會高雄州支部主辦「第八回高雄州陸上競技選手權大會」，22 日早上 9 點開始，在高雄高女操場舉辦。 |

## ◎ 高雄高女舉辦之陸上競技記錄會

| 屆次 | 時間 | 內容 |
|---|---|---|
| 1 | 1938 年 4 月 24 日 | 由臺灣體育協會高雄支部主辦的「第一回陸上競技部記錄會」，下午 12 點半在高雄高女展開。 |
| 2 | 1939 年 6 月 18 日 | 「高雄州下第二回陸上競技記錄會」早上 10 點在高雄高女操場舉辦，一開始有國旗揭揚、皇居遙拜、默禱才進行。 |
| 4 | 1941 年 6 月 15 日 | 第四回各州對抗陸上競技大會、高雄州代表豫選會第一屆記錄會，早上 9 點半在高雄高女運動場展開。 |

## ◎ 高雄高女舉辦之其他運動賽

| | |
|---|---|
| **1930 年<br>9 月 24 日** | 上午 9 點，在高雄高女舉行選手選拔賽，由高雄州教育會主辦「體育選手選拔賽」，比賽項目有 12 項，實際參加人約八十多人。9 點時間一到，選手排列整齊唱國歌、升國旗，開始升旗典禮。由高雄州內務部教育課地方理事官——山口尚之為大會致開會賀詞後，立刻由高雄高女的教員——野中松平、無敵鶴子兩位老師擔任裁判，第一場由旗山對屏東的籃球比賽揭開序幕。一開始由屏東搶到發球權，但旗山隊以過人的氣勢，最後以 19 比 1 大獲全勝。中午後 12 點半起，開始進行各項比賽。下午 4 點由高雄州內務部事務官——淺野安吉致閉幕謝詞，結束所有比賽。[1] |
| **1934 年<br>2 月 4 日** | 由臺灣體育協會高雄支部主辦的「各州以下陸上競技比賽選手權大會」，中午 12 點半在高雄高等女學校開始進行比賽。競技項目有一百、二百、四百、八百、一千五百、五千、八百、一千六百公尺跑步比賽，跳遠、跳高、三段式跳遠、鉛球、標槍等十四種項目。參加者限定為各州的非職業選手，想參加的人在 1 月 27 日前向高雄州教育臺灣體育協會支部報名。 |
| **1934 年<br>11 月 12 日** | 由臺灣體育協會高雄州支部所主辦的第四回田徑賽選手權大會，將於 12 月 9 日早上 10 點起，在高雄高女運動場進行比賽。比賽項目，分男子組和女子組。想要參加比賽的人，請在 11 月 30 日前郵寄向州教育課臺灣體育協會支部提出申請。有關參加項目的規定如下：男子 1 人可參加 2 項，女子 1 人可參加 3 項。參加費用 1 人 50 錢，和申請表一起繳交。 |
| **1938 年<br>4 月 24 日** | 臺灣體育協會高雄支部主辦的本年度田徑賽第一次記錄會，24 四日下午 1 點起高雄高女運動場進行比賽。當天多雲、微風、氣溫 28.7 度，是比賽的好天氣。可能是季節交替、或練習不足的關係，無法創新記錄，成績普遍不理想。男子第一部的撐竿跳，屏東公學廖漢水同學跳出三米六十的好成績，刷新廖同學原本保持的支部記錄二米四十。 |
| **1938 年<br>9 月 24 日** | 臺灣體育協會高雄支部在高雄高女舉辦「第十九回全臺灣陸上競技選手權大會派遣選手銓衡會」。 |
| **1938 年<br>12 月 4 日** | 早上 10 點由高雄州主辦「高雄州下職員及兒童體育大會」在高雄高女舉辦，分為高雄市的職員和兒童兩部分進行比賽，該日下午 4 點半閉會。 |
| **1939 年<br>9 月 3 日** | 由臺灣體育協會高雄支部舉辦「臺灣陸上競技選手權大會」高雄代表者選手豫選會兼第二回記錄會，早上 10 點在高雄高女開辦。 |

---

1 選拔完後的選手，代表高雄州參加 10 月 17、18 日在臺北舉行的全島小、公學校的教員陸上競技比賽，後來高雄州派出三十名選手，在 10 月 15 日晚上 7 點出發，先在高雄第一小學校集合，然後由高雄州內務部教育課地方理事官——山口尚之監督，教育課視學——勝谷實行率隊出發。

## ◎ 高雄高女遠足旅行

| 日期 | 地點 | 報載 |
|---|---|---|
| 1925年<br>1月30日 | 鳳山<br>山子頂、<br>九曲堂 | 一年級遠足，約一百名學生參加，由本田校長率領職員一起參加，要走5里半，不料出發前一晚颳強風又下雨，道路狀況不佳，隔天早上6點半出發，強風還是很大，10點40分時在鳳山山子頂停留休息，下午2點半到九曲堂，有一名落掉隊伍的，大家都是還很有元氣的走完全程，最後於4點39分返回學校解散[2]，成績良好。 |
| 1926年<br>1月29日 | 高雄港、<br>三塊厝、<br>鳳山、<br>大林蒲、<br>紅毛港、<br>中洲、<br>鳥松 | 高雄高等女學校於去年試辦高雄九曲堂遠足之旅，行程約三里。途中一人脫隊，不過如預期所料，成績輝煌。今年準備高雄港灣一遊，更進一步將行程延長至大約十里。29日當天參加的人員有全校教職員和各年級學生共約150人。預定早上5點從校園出發，途經鳳山、薊蔥腳、大林蒲、紅毛港，穿過中洲，鳥松一氣呵成走到旗後，繞完高雄港一圈，再回到學校，共約十里的路程。對女同學而言，可能無法完全走完，困難度極高。但學生們個個鬥志高昂期待此活動早日來臨。[3]<br><br>（高雄電話採訪）高雄高等女學校於29日舉辦高雄港灣一遊。精神奕奕的女學生，於晨光熹微的清早4點在操場集合。本田校長、教職員等率領一行人158名，在家人的目送下，5點從操場出發。途經三塊厝到鳳山，受到坂口郡守和官員、居民的熱忱歡迎。一路上砂塵滿佈，突破難關一口氣走到大林蒲再做休息。之後，又走過紅毛港、中洲、鳥松，全程走完回到學校已是下午6時10分。途中雖有二十多人腳磨出水泡，但塗完藥膏做了簡單的醫療處理後，就繼續上路，無一人落後，全體人員平安返回學校。當本田校長詢問學生，是否有勇氣再走比今日多三里時，幾乎所有人都舉手肯定。期待以今日為鑑，他日突破十五里。教職員自信滿滿地說，今天能有這樣的成績，最主要是歸功於平常體育課努力用心訓練的結果。 |
| 1928年<br>1月27日 | 左營、<br>岡山、<br>橋子頭、<br>楠梓 | （高雄電話採訪）高雄高等女學校於前年舉辦繞高雄灣一周的遠足，獲得好成績。這次預定往返岡山郡，來回49公里（約12里半）。時間定於27日上午4點10分、全校學生二百八十多名，在州廳球場前集合，上午4點30分加上全校職員一起出發。從左營開始經由海岸到達岡山，在岡山稍做休息吃午餐，回程經橋子頭、楠梓的縱貫道路。[4] |

2 〈高雄高女遠足〉，《臺南新報》日刊（1925年2月1日），第11版。

3 〈高雄灣一周遠足〉，《臺灣日日新報》日刊（1926年2月27日），第5版。

4 〈高雄高女遠足〉，《臺灣日日新報》日刊（1928年1月26日），第3版。

| 日期 | 地點 | 報載 |
|---|---|---|
| 1928 年<br>1 月 27 日 | 左營、岡山、橋子頭、楠梓 | （高雄電話採訪）高雄高女學生二百七十多名和職員，在本田校長領隊之下，決定於 27 日舉辦往返高雄岡山 13 里的突破性大型遠足。如預定的行程在晚上 7 點半，唱著軍歌返回高雄。在炎炎的夏日中，不僅酷熱逼人。回程的縱貫道路上為砂塵所苦，步行困難。但大家拿出精神無一人落後，一路走完回到高雄，可說是前所未有的大成功。[5] |
| 1929 年<br>1 月 25 日 | 大寮、鳳山 | 高雄高等女學校，25 日依例舉行全校生徒遠足，以鳳山丘陵為之，一周行程計 13 邦里，是早 4 時 20 分，齊集于高雄州廳前廣場，由芩雅寮、鹽水港、鳳鼻頭而繞林子邊赤崁、大寮、鳳山諸地，午後 7 時，歸州廳前，遠足中少憩三回，大憩一回云。[6]該活動全體師生共 270 名參加[7]，早上 4 點 20 分就在高雄州廳前集合準備出發，經芩雅寮、鹽水港、鳳鼻頭而繞林子邊、赤崁、大寮、鳳山，晚上 7 點回到州廳。中間小休息 3 次、大休息 1 次[8]。<br><br>（高雄電話採訪）高雄高等女學校決定於 25 日舉行鳳山丘陵一周的大型遠足。這天參加的學生共 298 名，分成六組，早上 4 點 20 分在高雄州廳前的廣場集合。本田校長宣布注意事項後，率領職員們開始出發。沿路受到各界的歡迎，歡迎者大多是家長和兄弟姐妹。晚上 7 點 30 分完成走完 13 里的壯舉。行程中雖砂塵極多甚至跑進鞋內，走起路來極為困難。但沒有任何學生脫隊落後，全體平安回到原來出發時的集合廣場，點閱歸隊人數無誤，成功完成這次長距離的遠足。本田校長發表感想如下：「今天最令人滿意的地方是氣候非常良好，只可惜的是比預定的時間晚了 30 分鐘回到原出發地。事情會變成如此，除了里程比事前調查的距離還長之外，還考慮到火車的時間。所以有一部分的學生在高雄橋橋畔搭火車後，再送其他學生到車站。這些都影響了回程的時間。這次的遠足，真是獲益匪淺。走在砂塵瀰漫的路上，由如雪地行走般的困難。但我們卻以無 |

---

5 〈暑熱と砂塵とに　苦しみつつ十三里を　蹈破した高雄高女生　獨りも
　落伍者が無い〉，《臺灣日日新報》日刊（1928 年 1 月 29 日），第 2 版。

6 〈高雄高女　長距離遠足〉，《臺灣日日新報》日刊（1929 年 1 月 25 日），第
　4 版。

7 〈高雄／高女遠足〉，《臺灣日日新報》日刊（1929 年 1 月 23 日），第 5 版。

8 〈高雄高女　長距離遠足〉，《臺灣日日新報》日刊（1929 年 1 月 25 日），第
　4 版。

| 日期 | 地點 | 報載 |
|---|---|---|
| 1929 年 1 月 25 日 | 大寮、鳳山 | 比勇敢的精神克服重重難關，完成突破 13 里長距離的壯舉。今後，只要秉持這種精神，努力不懈，定能克服萬難。」[9] |
| 1929 年 1 月 24 日 | 鳳山、鳥松、楠梓 | 高雄高女於 24 日舉行橫跨鳳山、岡山兩郡的大型遠足。當天早上 4 點過後，全體人員在堀江町泉鐵工場前空地集合，4 點半出發。按照預定的行程經過三塊厝、鳳山、鳥松，再由楠梓走貫道路南下回高雄。這次的遠足可說是時代新女性的活動。不僅腳力驚人，還有媲美先遣部隊的毅力，不畏艱難走完 11 里的路程。中午 12 點半走回高雄，教職員和學生三百餘人，無一人落後，5 點半前精神飽滿回到原出發地。獲得出人意料之外的好成績。[10] |
| 1931 年 1 月 24 日 | 高雄灣、苓雅寮、小港、大林蒲、紅毛港、中洲 | （高雄電話採訪）高雄高女決定於 24 日，舉行全校學生繞高雄灣一周的遠足活動。當天早上 5 點 1 分一到就集合於原双葉運動場，5 點 50 分出發。途中經過苓雅寮、小港、大林蒲、紅毛港、中洲，預定下午 2 點 50 分抵達旗後町第一公學校後解散。過程中於小港、大林蒲兩地休息較久，其餘則稍做 20 分鐘的短暫休息。全部里程共 7 里 10 個城市。和前年的大型遠足比起來，大約縮短 5、6 里。[11] |
| | | （高雄電話採訪）如前所報導，高雄高女學生繞高雄灣一周的大型遠足決定於 24 日，舉行全校學生繞高雄灣一周的遠足活動。在原双葉運動場集合出發。途經小港、大林蒲、紅毛港、中洲，下午 2 點 50 分抵達旗後第一公學校後。整個行程，全體學生精神翼翼，無一人落後，走完全程。沿途經過小港、大林蒲、紅毛港等地，受到學生家人和有心人士的聲援。全程共 7 里十個城市。和前年的大型遠足比起來，大約縮短 5、6 里。[12] |

9 〈乙女兒らにこの元氣　落伍者もなく惡路　十三里を突破　高雄高女二百九十名の強行遠足〉，《臺灣日日新報》日刊（1929 年 1 月 27 日），第 5 版。

10 〈高雄高女の　大遠足　落伍者なく好成績〉，《臺灣日日新報》日刊（1930 年 1 月 26 日），第 5 版。

11 〈高雄高女の大遠足　廿四日舉行〉，《臺灣日日新報》日刊（1931 年 1 月 23 日），第 5 版。

12 〈高雄高女生大遠足會　高雄灣を一周〉，《臺灣日日新報》日刊（1931 年 1 月 26 日），第 5 版。

| 日期 | 地點 | 報載 |
|---|---|---|
| 1932 年 1 月 23 日 | 岡山 | （高雄電話採訪）高雄高等女學校，全體學生教職員於 23 日舉行大型遠足。行程預定走 49 公里，於早上 4 點 10 分自高雄市三井網球場出發，途經岡山，下午 6 點 50 分回到高雄。[13] |
| 1933 年 2 月 9 日 | 西子灣、桃子園、左營、鳳山 | 全體學生和職員遠足長程健走。行程從高雄西子灣，經由桃子園、左營到鳳山共 8 里 27 丁。全員早上 5 點 10 分由西子灣出發，繞回桃子園、左營，途中百名人員組先發隊，走在前頭進行緊急救護演習，接著在鳳山野外炊事，下午 5 點半返回西子灣。[14] |
| | | 高雄高等女學校定於 9 日舉行大型遠足。全校學生教職員約 350 名參加。行程從高雄市西子灣出發，經桃子園、左營到鳳山，往返共長 8 里 27 丁。早上 5 點 10 分自西子灣出發後，經過桃子園、左營的途中，先派遣百名的先行部隊做緊急時期的救護演習，並在鳳山進行野外求生訓練後，再自行回高雄。預定下午 5 點半在西子灣解散。 |
| 1934 年 1 月 20 日 | 鳳山 | 高雄鳳山間 43 公里的大遠足，全校學生職員 300 名參加，清晨 4 點半高雄出發，下午 5 點，大家元氣旺盛，有一名落伍者，是女性的意氣表現。 |
| | | 高雄高等女學校，所計劃之鳳山鳥松、仁武、楠梓一周之大遠足會，20 日已見決行，此日朝來，天氣暗雲，氣溫降下，為絕好之遠足日，全校生徒中，所拔擢之健者 80 名，由小田、古井、梅野三教諭所引牽而出發，本隊 240 名，由本田校長以下之教職員所引率，早上 4 時半由本校出發焉。先發隊，於同 6 時半，本隊於同 7 時，各已到鳳山，於同街役場內小憩，受該地卒業生並保護者之招待，約三十分後，均向楠梓方面出發，下午 5 時過歸校，均無落伍者云[15]。 |

來源：整理自歷年《臺灣日日新報》、《臺南新報》。

---

13 〈高雄高女の　大遠足會〉，《臺灣日日新報》日刊（1932 年 1 月 22 日）第 3 版。

14 〈高雄高女生の非常時救護演習　軍隊的の強行軍を遣りつつ〉，《臺灣日日新報》日刊（1933 年 2 月 9 日），第 3 版。

15 〈高雄高女大遠足會〉，《臺南新報》日刊（1934 年 11 月 22 日），第 8 版。

## ◎ 高雄高女舉辦各類體育大會

| 回次 | 日期 | 內容 |
|---|---|---|
| 5 | 1930 年 11 月 16 日 | 高雄州主辦「第五回體育大會」，當日早上 8 點半在**高雄高女**舉行開幕式。各項比賽的選手，由州下各小、公學校的職員、學生及各地青年團成員中選拔。當天秋空氣爽、晴空萬里，是非常適合運動的好日子。現場來了許多來賓和觀眾。運動員繞場時間一到，按小／公學校學生、小／公學校職員、青年團的順序進場參加升旗典禮，全體起立合唱國歌，奏樂行國旗揭揚式。首先，由去年比賽優勝的隊伍：高雄市小／公學校學生獻獎旗、高雄市小公學校職員獻獎章、旗山郡青年獻獎杯給大會，太田吾一知事致開幕賀詞後，立刻開始進行比賽。上午大多是初賽，下午則是進行決賽。比賽項目：小公學校學生 7 項、職員 11 項、青年 7 項，總共參加的選手達三百多人。 |
| 8 | 1933 年 11 月 23 日 | 高雄州主辦「第八回體育大會」，早上 8 點 30 分在**高雄高等女學校**園庭舉行，該日出場演技選手是高雄州下各郡、市的小公學校兒童、教員、青年團。各部選手入場，國旗揭揚了後，各返納優勝楯、優勝旗、優勝盃。接著會長代理小林內務部長致開會辭，後有審判長——西卷中學校長，講述競技上的注意，而開始競技。該日天氣快晴，可謂絕好的運動日，聚集的觀眾擁塞會場，而各種競技、演出新記錄者亦屬不少，下午 4 點多，小公學校兒童部即高雄獲得 62 點位第一位之成績優勝，而教職員部即高雄獲得 76 點為最高優勝，青年團部即依舊恆春郡獲得 45 點為最高位優勝。皆由會長西澤知事授與優勝楯（高雄職員）、優勝旗（高雄兒童）、優勝盃（恆春青年團）。 |
| 9 | 1934 年 11 月 22 日、 23 日 | 由高雄州主辦「第九回體育大會」在**高雄高女**運動場舉辦，第一天在下午 1 點由青年團員開場，第二日在上午 8 點半由生徒兒童及職員比各種競技。<br><br>由高雄州主辦的第九回體育大會，將於 22、23 日兩天，借**高雄高女**運動場進行比賽。第一天下午 1 點開始，進行青年隊的比賽。第二天早上 8 點半開始進行學生、兒童、職員等隊伍的各種比賽。運動比賽的項目如下。比賽當天參加的人員有州下各郡市的小公學校職員、兒童、青年團體，以及各中等學校的學生。中等學校以外的跑步項目，因為是各郡市之間的對抗賽，所以競爭異常激烈，且各郡市的粉絲、啦啦隊也會到場加油，可想而知應是盛況空前。 |

| 回次 | 日期 | 內容 |
|---|---|---|
| 12 | 1937 年 11 月 22 日 | 高雄州主辦的第十二回體育大會，青年組比賽在 22 日下午 1 點半起於**高雄高女**運動場展開一場熱戰。上一的冠軍是潮州郡，這次潮州郡以壓倒性的勝利 31 分打敗旗山郡和高雄市。當天下午 6 點結束比賽。大會的新記錄如下。起跑跳：六米二七許金坤（岡山）、跳高：一米七四陳萬尚（鳳山）、跳高：一米七一林新●（旗山）。接著 23 日上午 9 點半起繼續進行職員組和學生兒童組的比賽。時間一到，各市郡代表選手繞場、升旗典禮。前次的冠軍高雄市組 還優勝獎旗和獎盃。大會會長代理土居教育課長致詞之後，立刻進行比賽。各市郡代表選手為了爭取榮譽，無不極盡全力拼一高下，刷新了許多記錄，場面熱鬧。下午 5 點過閉會。 |

來源：整理自歷年《臺灣日日新報》。

## ◎ 高雄高女舉辦之高雄州各類排球比賽

| 時間 | 比賽名稱 | 內容 |
|---|---|---|
| 1935 年<br>2 月 9 日 | 高雄州下排<br>球競技大會 | 下午 1 點開始和第二日早上 9 點開始,由**高雄高女**校友會主辦「高雄州下排球競技大會」,第一部男子學校職員、第二部女生徒、第三部小公學校兒童的各部分別競技。<br><br>高雄高女的選手在州下排球大會的活躍<br>來源:1935 年高雄高等女學校《卒業記念寫真帖》。<br><br>戰術討論<br>來源:1935 年高雄高等女學校《卒業記念寫真帖》。 |

| 時間 | 比賽名稱 | 內容 |
|---|---|---|
| 1938 年<br>1 月 8 日 | 第五回高雄<br>州小公學校<br>職員排球大<br>會 | 下午 1 點在高雄高女校園，由高雄高女校友會主辦的「第五回高雄州小公學校職員排球大會」，出場團數有女子 7 團、男子 16 團。同場舉辦「高雄州下學校生徒兒童之第五回排球大會」，各隊伍球技伯仲之間，比賽盛況 6 點才結束，最後結果如下：<br><br><br><br>高雄州下學校生徒兒童之第五回排球大會<br>來源：〈高雄高女主催の州下　生徒兒童の排球大會〉，《臺灣日日新報》日刊（1938 年 1 月 10日），第 8 版。 |

| 時間 | 比賽名稱 | 內容 |
|------|----------|------|
| | |  高雄州下學童排球選手權大會<br>來源：《臺灣日日新報》日刊（1939 年 11 月 28 日），<br>第 8 版。 |
| 1938 年<br>6 月 12 日 | 春季一般排球選手權大會 | 早上 9 點半在**高雄高女**由臺灣體育協會高雄支部主辦的「春季一般排球選手權大會」。 |
| 1938 年<br>9 月 25 日 | 第三回排球大會 | 由臺灣體育協會臺南支部球技部主辦的「第三回排球大會」早上 8 點在臺南師範開始，女子部有臺南二高女、屏東高女、高雄淑德女、**高雄高女**等四隊，男子部由高雄中學校 A 組優勝，女子部由**高雄高女**優勝，下午 4 點 40 分結束。<br>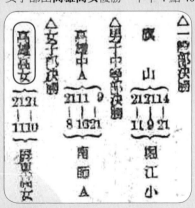<br>第三回排球大會<br>來源：《臺灣日日新報》日刊（1938 年 9 月 27 日），第 8 版。 |

| 時間 | 比賽名稱 | 內容 |
|---|---|---|
| 1939年1月8日 | 教員排球選手權大會 | 早上9點半由高雄州教獻會主辦「教員排球選手權大會」在**高雄高女**舉辦。 |
| 1939年1月17、18日 | 高雄州下男女一般及學童排球選手權大會 | 由臺灣體育協會高雄支部主辦「高雄州下男女一般及學童排球選手權大會」在**高雄高女**校庭舉辦。來源：1939年高雄高等女學校《卒業記念寫真帖》。 |
| 1939年6月4日 | 高雄州下男女子一般排球選手權大會 | 由臺灣體育協會高雄支部舉辦「高雄州下男女子一般排球選手權大會」早上9點半在高雄高女舉辦，男子組有6隊、女子組有淑德、屏女、**高雄高女**三團參加，最後由**高雄高女**以2-0擊敗淑德女學校，下午4點半閉會。 |
| 1939年11月26日 | 高雄州下學童排球選手權大會 | 早上9點半在**高雄高女**舉辦「高雄州下學童排球選手權大會」。參加選手有144位，當天寒風陣陣，但大家還是精神抖擻，下午3點20分閉式。 |

來源：整理自歷年《臺灣日日新報》。

## ◎ 歷年高雄高女卒業式

| 時間 | 相關報導 |
| --- | --- |
| 1928 年 3 月 20 日 | 早上 9 點舉行第一回卒業式。 |
| 1929 年 3 月 20 日 | （高雄電話採訪）高雄高等女學校於 20 日上午 9 點起舉行第二回畢業典禮。參加的來賓有太田知事、廣谷教育課長、吉川中學校長、渡邊屏東市長，及其他州市協議員和家長。典禮一開始先唱「君之代」國歌，在本田校長的帶領下奉讀天皇勅語。接著頒發 81 名畢業生的畢業證書和 4 年無缺曠的全勤獎，由代表者接受獎狀。本田校長對畢業生說了如下的勉勵話語：「即將踏入社會的各位畢業生們，進入社會後會遇到各種試煉。如何戰勝這些試煉就得依照做人的原則——天地之正道而行不可。」此外還有朗誦來賓太田知事、藤市尹的畢業祝賀詞，渡邊屏東市長致詞，畢業生代表池元春惠致謝詞。典禮於歌聲中結束。來賓、家長觀賞學生的成績作品後散場離去。[16] |
| 1930 年 3 月 19 日 | （高雄電話採訪）高雄高等女學校於 19 日上午 10 點起，舉行畢業生的畢業證書頒發典禮。知事代理——山口教育課長，和其他長官出席這次的典禮。由合唱「君之代」國歌的歌聲中揭開典禮的序幕。接著奉讀勅語、頒發證書和獎品後，畢業典禮結束。這 4 年來苦讀有成的畢業生，將在這一可喜可賀的日子離開學校，踏入社會。但如今遇上市內天花蔓延，所以來參加典禮的來賓、家長並不多，令人感到可惜。不僅高雄高女的畢業典禮如此，還有其他小公學校的畢業典禮也是因天花的關係，來賓、家長有所顧慮而未出席。[17] |
| 1931 年 3 月 18 日 | 早上 10 點本科第四回暨補習科第一回修了證書授與式，平山知事及其他多數來賓臨席，合唱國歌，奉讀勅語，本田校長授與證書及賞品，平山知事述訓辭，來賓今井市尹、楠田金之亟述祝辭，卒業生修了生總恋述答辭，一同唱歌閉式云[18]。 |

16 〈高雄高女の卒業式　頗る盛大〉，《臺灣日日新報》日刊（1929 年 3 月 21 日），第 5 版。

17 〈高雄高女卒業〉，《臺灣日日新報》日刊（1930 年 3 月 21 日），第 5 版。

18 〈高雄高女の　卒業式〉，《臺灣日日新報》日刊（1932 年 3 月 19 日），第 3 版。

| 時間 | 相關報導 |
|---|---|
| 1932 年 3 月 18 日 | 上午 9 點半在校舉行，有知事代理堀內務部長，今井市矢，金子教育課長，唱國歌，本田校長授與卒業，知事代理堀內務部長詞示，來賓今井市尹，卒業生，修業生代答辭，式畢，來賓一齊觀覽生徒作品 [19]。 |
| | （高雄電話採訪）高雄高等女學校第五回畢業證書，及第二回補習修業證書頒發典禮，於 18 日上午 9 點半在校內舉辦。知事代理堀內務部長、今井市尹、金子教育課長等人出席。來賓就座後開始唱國歌，由本田校長頒發畢業證書和修業證書，並給與畢業生勉勵。接著由知事代理堀內務部長訓示、來賓今井市尹、家長代表、畢業生、修業生一一致詞，典禮順利結束。在場所有人士觀賞學生作品。 |
| 1933 年 3 月 17 日 | 上午 9 點半與行畢業典禮，野口知事、小林市尹、金子教育課長以及許多來賓到場參加。在唱國歌的歌聲中，揭開序幕儀式。本田校長帶領學生朗讀天皇語錄，接下來頒發畢業證書、修業證書、頒獎，本田校長訓詞、野口知事告諭、賓小林市尹祝賀詞、畢業生和修業生總代表致詞，合唱畢業歌，11 點左右典禮結束。畢業生 85 名，補習科修業生 20 名。畢業後在家幫忙的學生 54 名，留在補習科 14 名，到官廳、公司上班 27 名，想繼續升學 10 名 [20]。 |
| 1934 年 3 月 17 日 | 早上 9 點，畢業生 91 名，補習科 11 名，畢業後家事從事 46 名，同校補習科 19 名，上級學校志願 12 名，其他 14 名。 |
| 1935 年 3 月 16 日 | 早上 9 點，在講堂進行第八回卒業式和第五屆補習科。 |
| 1937 年 3 月 16 日 | 早上 9 點半在講堂舉辦第九回卒業證書授與式和補習科第七屆修業證書授與式 [21]。來賓有內海知事、松尾市尹、柴田海軍無線電所長等，暨父兄多數臨場，勅語奉讀後，本田校長對本科卒業生 99 名，打字機講習科修了生 30 名，各授與卒業及修了證書，並對精勤者授賞績為訓示，內海知事告詞，松尾市尹、宮川市會議員等祝詞，在校生總代表小金丸星殊，卒業生總代表坂上裕子各有答詞，同 11 點 20 分閉式，下午 1 時續開同窓會總會，四時閉會 [22]。 |

19 〈高雄高女の　卒業式〉，《臺灣日日新報》日刊，第 3 版。
20 〈高雄高女の卒業式〉，《臺灣日日新報》日刊（1933 年 3 月 18 日），第 3 版。
21 〈高雄高女卒業式〉，《臺灣日日新報》日刊（1937 年 3 月 15 日），第 5 版。
22 〈高雄高女の卒業式〉，《臺灣日日新報》日刊（1937 年 3 月 18 日），第 4 版。

| 時間 | 相關報導 |
|------|----------|
| 1938年<br>3月16日 | 早上10點舉辦第十回卒業式,講堂,有內海知事、宗藤市尹、星野州教育課長及多位來賓臨席,開式的辭,國歌合唱,勅語奉讀後,龜山校長頒給卒業生88名及補習科修業生16名,龜山校長訓論,內海知事訓示,來賓總代表宗藤市尹祝辭,在校生總代表送辭,卒業生總代表答辭,11點閉式。 |
| 1941年<br>3月13日 | 13日上午10點起,高雄高女舉行畢業典禮。典禮一開始頒發證書,接下來校長和來賓致詞。典禮結束後,下午2點起在講堂舉行懇親會,與會者有畢業生、在校生等。加納市兵事課長特別到場說明家庭防空的注意事項。以生活中的例子來做重點說明。贏得滿堂賀彩。「就好比燙頭髮時戴口罩,雖不合邏輯,但在國家處於非常時期之際,也無可厚非。可惜的是失去日本自古以來的美感,令人惋惜」。從這些細微之處更可看出戰爭後方女性堅強的一面。本年度的畢業生:補習科4名、本科生106名(其中希望升學上級學校就讀的40名)、就業43名、在家幫忙27名。畢業生的出路反映女性投入戰爭相關活動頻繁。[23] |

來源:整理自歷年《臺灣日日新報》。

## ◎ 高雄高女教師參加研習

| 時間 | 研習項目 | 內容 |
|------|----------|------|
| 1926年<br>2月9日 | 練研球類實演研究會 | 下午1點高雄中學校高橋老師和高雄高女**野中松平**老師在高雄第二女學校,市內小學校職員約四十名參加,名和教育課長、岩本市尹也都列席。 |
| 1928年<br>2月2日 | 英語教員會 | 早上8點在臺南第一中學校講堂舉辦,由高木、武藤等教師實施英文教學和英文文法觀摩,隨後招開研究批評會,下午除了嘉義中學外,共有五校提出十項協議事項,詳細討論後各陣意見,到下午5點才散會。參加的老師有臺北一中、高雄高女**堀見宗男**老師等。 |
| 1929年<br>8月8日 | 體育講習會 | 上午8點半起,在高雄第一小學校舉行由高雄州主辦開幕儀式。講習會時間自8日起到14日止為期一週。講習內容為體操、一般遊戲競技。參加人員為各小公學校男性職員30名、女性職員20名,講師為臺北第二師範學校教師竹村豐俊,和高雄高等女學校教師**無敵鶴子**。 |

---

23 〈高雄高女卒業式〉,《臺灣日日新報》日刊(1941年3月15日),第4版。

| 時間 | 研習項目 | 內容 |
|---|---|---|
| 1931 年 10 月 2-3 日 | 全島中等學校教員家事科研究會 | 在臺北第二高等女學校舉行,全島家事科教師有 14 名參加,臺北市內各女學校長及赤堀學務課長、阿部土性兩視學官,安由等出席研究會,其中高雄高女**關輝**教師也參加,以實例對於教材選擇的標準提供參考,其他學科的橫向聯繫,如住居的照明、換氣、採光等跟理科有關,設計圖書跟圖畫有關,食物與化學有關,經濟銀行保險等跟數學有關,教材配列在實習方面,第三學年第三學期進行料理實習,第四學年第一學期進行料理二課時,第二學期日本料理,第三學期加上西洋料理的實習[24]。 |
| 1940 年 | 體操講習會 | 體操教授要目改正及啟發指導方法,在高雄中學校舉辦,講師為高雄中學校教諭石高先生、屏東竹口市範教諭生崎利雄和高雄高女教諭**無敵鶴子**。講習員為高雄州男女教師 40 名。 |

來源:整理自歷年《臺灣日日新報》。

註:粗體字為高雄高女教師。

---

24 作者不詳,〈全島中等學校教員家事科研究會〉,《臺灣教育》,(1931),頁 86。

國家圖書館出版品預行編目（CIP）資料

帝國最南：高雄高等女學校 / 許聖迪作. -- 初
版. -- 高雄市：高市史博館，巨流，2017.11
面；公分. --（高雄研究叢刊；第4種）
ISBN 978-986-05-3875-5（平裝）

1. 高雄市立高雄女子高級中學 2. 歷史 3. 日據
時期

733.08                                106020168

高雄研究叢刊　第 4 種

# 帝國最南——高雄高等女學校

作　　者　許聖迪
策畫督導　曾宏民
策畫執行　王興安
執行助理　孫瑋騂、莊建華

編輯委員會
召 集 人　吳密察
委　　員　李文環、陳計堯、楊仙妃、劉靜貞、謝貴文

執行編輯　王珮穎、李麗娟
美術編輯　施于雯
封面設計　闊斧設計

發 行 人　楊仙妃
出版發行　行政法人高雄市立歷史博物館
地　　址　803 高雄市鹽埕區中正四路 272 號
電　　話　07-5312560
傳　　真　07-5319644
網　　址　http://www.khm.org.tw

共同出版　巨流圖書股份有限公司
地　　址　802 高雄市苓雅區五福一路 57 號 2 樓之 2
電　　話　07-2236780
傳　　真　07-2233073
網　　址　http://www.liwen.com.tw
郵政劃撥　01002323 巨流圖書股份有限公司
法律顧問　林廷隆律師
登 紀 證　局版台業字第 1045 號

　ISBN　978-986-05-3875-5（平裝）
　GPN　1010601780
初版一刷　2017 年 11 月　　　　　　　　　　　　　定價：450 元

2015 寫高雄 年輕城市的微歷史 文史獎助計畫